AF498099

# Los nietos de Adán y Eva

¿Por qué la naturaleza
nos hace envejecer?

# Los nietos de Adán y Eva

## ¿Por qué la naturaleza nos hace envejecer?

Carles Zafon Llopis

MARGE BOOKS

*Colección:* VITAE

LOS NIETOS DE ADÁN Y EVA
¿Por qué la naturaleza nos hace envejecer?

1.ª edición, 2010

© 2010, Carles Zafon Llopis
© de esta edición, incluido el diseño de la cubierta, ICG Marge, SL

Ilustración de la portada: Helena Ruiz

*Edita:* Marge Books - València, 558, àtic 2.ª - 08026 Barcelona (España)
www.marge.es - Tel. +34-932 449 130 - Fax +34-932 310 865

*Director:* David Soler
*Gestión editorial:* Hèctor Soler, Ana Soto, Laura Matos, Anna Palacios
*Colaboración editorial:* Roser Pérez
*Compaginación:* Mercedes Lara
*Impresión:* Més Gran Serveis Gràfics i Digitals (Santa Coloma de Cervelló, Barcelona)

ISBN: 978-84-15004-38-7
Depósito Legal: B-

*Con todo el agradecimiento para el Dr. Rafael Simó,
quien me ha enseñado a observar la vida
entre interrogantes.*

# Índice

## Hace ciento cincuenta años...

El 6 de noviembre de 1859 la ciencia cambió radicalmente la manera de interpretar la vida en nuestro planeta. Fue el día en que salió a la luz una obra que a su autor, Charles Darwin, le llevó más de treinta años en escribir. Era *El origen de las especies,* el tratado que sentó las bases de lo que hoy se conoce como Teoría de la evolución. A partir de ese momento los científicos tuvieron que rehacer las viejas hipótesis, reconvertir todo tipo de postulados y desechar creencias, algunas de las cuales habían permanecido vigentes durante siglos. También la Iglesia tuvo que aceptarlo. Más de medio siglo después, la teoría de Darwin sufrió una profunda remodelación, fue reinterpretada de acuerdo con los avances experimentados en diversos campos, especialmente en genética, y nació lo que los expertos denominaron neodarvinismo o síntesis moderna. En la actualidad, ciento cincuenta años después de la publicación de la obra de Darwin, son pocas las voces que rechazan la validez de esta rama de la ciencia como herramienta útil para analizar e interpretar el inicio y posterior desarrollo de la vida en la Tierra. Además, la mayoría de los detractores proceden de campos ajenos a la propia ciencia. Así, después de Darwin y como dijo Theodosius Dobzhansky, uno de los padres del neodarvinismo, «nada tiene sentido si no es a la luz de la evolución».

# Capítulo 1

# ¿Por qué envejecemos?

Resultaría pretencioso pensar que el libro que tiene entre manos ofrece la respuesta definitiva a una cuestión que lleva más de cien años sin poder ser contestada y que algunos han definido como «un misterio biológico». No es el caso. Lo cierto es que, probablemente, no existe ningún otro fenómeno en biología sobre el que se haya escrito tanto pero se sepa tan poco. Las posibles explicaciones acerca de la existencia del envejecimiento han llenado miles de páginas de las revistas científicas más prestigiosas, han convocado centenares de reuniones de expertos en todo el mundo y han entretenido a decenas de investigadores, entre ellos algunos premios Nobel. Sin embargo, continuamos moviéndonos en el inestable marco de la simple propuesta teórica. En 1990, Medvedev hizo el esfuerzo de contabilizar las teorías que, en distintos momentos y desde diversos puntos de vista, han sido formuladas en relación con la razón de la vejez. El científico sobrepasó la escalofriante cifra de trescientas.

En los últimos años, el advenimiento de la era molecular ha abierto nuevas vías de estudio. Pero, una vez más, como sucedió con las viejas fisiología y biología celulares en su momento, lejos de esclarecer el paisaje, la potente herramienta genética ha demostrado la verdadera complejidad de la senescencia y ha obligado a rehacer muchas de las antiguas hipótesis aceptadas como ciertas.

Las teorías expuestas pueden clasificarse en dos grandes grupos. Por un lado, aquellas formulaciones que intentan explicar los fenómenos que caracterizan el proceso desde el punto de vista biológico o, también llamadas, de base mecanicista. Estas propuestas afrontan el porqué de la degeneración de los tejidos, la pérdida de células, la mayor predisposición a diversas enfermedades, la reducción de las capacidades fisiológicas, etc. En los capítulos 3 a 5, intentaremos resumir las opciones que cuentan con más apoyo en este campo. Por otro lado, las teorías que quieren dar una explicación global a la existencia del envejecimiento, el motivo por el cual la inmensa mayoría de los animales de este planeta envejecen en la etapa final de su vida. Para ello, se fundamentan en la metodología empleada por la teoría de la evolución.

La biología evolutiva es una de las ópticas que con más ahínco escudriña qué se esconde tras las canas, la presbicia o la menopausia. El envejecimiento es un campo abonado para los teóricos de la evolución, ya que se trata de un fenómeno de distribución universal (son pocos, si es que existe alguno, los animales pluricelulares que escapan a sus efectos). Debería existir (o tal vez no) una explicación plausible para que el sofisticado método de la selección natural le hubiera permitido mantenerse hasta nuestros días. Las aparentes consecuencias de la vejez resultan tan nefastas para los individuos que las leyes darvinianas auguran que debería haber sido abolida de nuestro acervo genético. En el capítulo 6 analizaremos las hipótesis evolutivas más acreditadas. Veremos que, aunque el número de alternativas no es elevado, todas ellas pueden encasillarse en dos únicos principios: las que apuestan porque el envejecimiento es un proceso genéticamente programado y las que se decantan por un cúmulo de errores, efectos estocásticos no determinados y cuyo resultado final es un fenómeno desprovisto de cualquier finalidad.

Esta obra, obviamente, no da la respuesta definitiva al tema, pero propone una nueva hipótesis para estudiarlo desde un enfoque teórico y desde la visión de la biología evolutiva. El trabajo nace del análisis minucioso de los resultados publicados en los últimos años, de las aportaciones efectuadas en diversos campos, de las contradicciones y las coincidencias a las que llegan los investigadores de diferentes especialidades y de la experiencia profesional del autor. Todo ello ha llevado a la formulación de una nueva variante teórica (¡una más!) desde la perspectiva evolutiva que intenta compaginar los viejos supuestos darvinistas con los descubrimientos genéticos más recientes. Originalmente, la propuesta fue apuntada hace unos años en la revista británica *Medical Hypotheses* (Zafon, 2003). Posteriormente, otros artículos en esta y otras revistas científicas han ido dando cuerpo a la propuesta que ha sido bautizada en inglés como *thrifty aged hypothesis* y que podríamos traducir como la «hipótesis del abuelo económico». No obstante, dada la limitación del espacio disponible en los medio de divulgación científica, nunca ha podido ser amplia y minuciosamente explicada. Esto es lo que se pretende en la segunda parte del libro (capítulos 7 a 10), dar cuenta de la hipótesis de una forma pormenorizada con la finalidad de que pueda ser analizada y discutida con conocimiento de causa.

Muchos se preguntarán de la necesidad de otra propuesta, sobre todo teniendo en cuenta que se trata de una simple formulación teórica. Pero lo cierto que en este campo concreto, el de la biología evolutiva y el envejecimiento, se ha demostrado que son justamente los planteamientos teóricos los que han abierto el camino para la ulterior investigación práctica. Como apunta Thomas Kirkwood (2005), uno de los grandes protagonistas de esta historia, «dado que el envejecimiento ocurre por razones no intuitivas y discurre por caminos complejos, el planteamiento teórico desempeña un papel inusualmente fundamental en su investigación».

Antes de sumergirnos en las aguas, a menudo pantanosas, del envejecimiento cabe hacer algunas aclaraciones previas. En primer lugar, aunque la obra pivote en todo momento en el marco de la biología evolutiva, no se exige del lector ningún conocimiento profundo en esta área. Nos basta con entender la noción básica y general de la propuesta darviniana, sobre todo para darnos cuenta de la extraordinaria potencia científica que supuso su formulación hace ciento cincuenta años y para comprender su insustituible aportación en el estudio de las ciencias biológicas.

Dicen los expertos en historia de la ciencia que Charles Darwin sólo podía ser británico. El pensamiento anglosajón era el único que estaba preparado para producir una criatura tan «evolucionada» como él y una sociedad en la cual su idea germinara en la forma cómo lo hizo. Es posible que sea cierto, quizá no, pero la verdad es que desde la publicación de *El origen de las especies* hasta nuestros días, el mayor volumen de aportación a la teoría evolutiva ha sido efectuado por autores de aquel país y, en menor medida, por norteamericanos y norte-europeos. Este hecho ha motivado que todo el lenguaje que la biología evolutiva ha generado se fundamente en la lengua inglesa.

Este fenómeno es reiterativo en todos los campos del saber científico, pero en el asunto que tratamos es, si cabe, todavía más flagrante. Los neologismos o la utilización de viejos vocablos para definir nuevos conceptos (fenómeno extraordinariamente frecuente en esta rama de la ciencia, posiblemente debido a un carácter proclive al adaptacionismo de sus seguidores) tienen raíces inglesas. Con el paso de los años se ha generado un cuerpo terminológico que, a menudo, incita a confusión, ofreciendo serios problemas de comprensión y comunicación entre los propios expertos que retarda sobremanera el avance científico. En un trabajo de revisión recientemente publicado en el *Journal of Evolutionary Biology,* los autores se quejaban de que en muchas ocasiones diferentes investigadores utilizan el mismo término para mencionar conceptos distintos, o bien términos distintos para referirse al mismo concepto (West, 2007). Pero si el problema es importante cuando la lengua de transmisión es la inglesa, en el momento que tenemos la necesidad de cambiar de idioma la cuestión se complica aún más. Muchas de las palabras resultan difíciles de traducir a otros registros, ya sea porque su acepción literal no aporta el mismo significado cuando se aplica en el lenguaje evolutivo, ya sea porque no existen. Esto ha motivado que diferentes investigadores que utilizan otros idiomas, en este caso la lengua castellana, hayan escogido dos posibles alternativas en sus obras. Por un lado, muchos autores han optado, con el fin de evitar confusiones de interpretación, por mantener la terminología original, sin traducir, y en el mejor de los casos intercalar notas aclaratorias sobre el significado del término. En otros casos, quizá en un exceso de celo idiomático, han preferido emplear traducciones personales más o menos arbitrarias o aproximadas del original, lo que ha generado una importante fuente de confusión. En el momento de confeccionar este manuscrito se me planteó el mismo dilema. Por fortuna, un artículo publicado en 2001 en la revista *Etología* intentaba solucionar el problema. En *Traducción al español de los términos ingleses más conflictivos utilizados en etología, ecología y evolución,* los profesores Manuel Soler, Juan Carranza y cols., a partir de un proyecto de carácter abierto a la participación pública especializada, elaboraban un listado con las acepciones más utilizadas en estos campos, incluso para aquellos términos no incluidos en el *Diccionario de la Real Academia Española.* He seguido la recomendación de este trabajo, pero en la medida de lo posible he hecho mención al vocablo inglés original.

Para finalizar, esta obra es fruto del análisis de numerosas publicaciones en diversos campos que tratan del envejecimiento. Algunos de esos trabajos son ampliamente examinados en este libro. En otros casos se remite, mediante la citación del primer autor y el año de publicación, al trabajo en cuestión. En algunos casos, cuando un enunciado se refiere a un concepto aceptado o publicado en numerosas ocasiones, he omitido la cita para evitar extenderme innecesariamente.

A lo largo de la obra se utilizan de manera indistinta los términos «envejecimiento» y «senescencia» a pesar de no tratarse de sinónimos exactos, excepto cuando resulte necesario hacer la distinción. En un artículo de revisión aparecido en *Nature* se apuntaba que el envejecimiento describe todos los cambios tiempo-dependientes que ocurren en las moléculas, las células y los tejidos de un organismo, mientras que senescencia puede definirse como una parte de esos cambios que afectan de forma negativa a las funciones del organismo (Longo, 2005). Por otro lado, Balcombe (2001) sostiene que la senescencia es el período que se inicia una vez ha cesado la actividad reproductiva, mientras que el envejecimiento es cualquier proceso en función del tiempo y puede empezar en el mismo momento de la concepción. La diferencia es de matiz y la literatura mundial no suele hacer distinciones entre ambos vocablos.

Para muchos estudiosos ha llegado el momento de la verdad de saber el significado real del envejecimiento. Vaticinan que en pocos años dispondremos de todas las piezas del gigantesco puzzle y que, entonces, el último obstáculo será encajarlas de la manera correcta para leer el dibujo que ha permanecido oculto durante muchos siglos. Pero para ello, y en palabras de Kirkwood, «debemos empezar por desmantelar prejuicios importantes sobre por qué ocurre el envejecimiento».

Capítulo 2

# Prejuicios y confusiones[1]

------

<sup></sup>

¹ El argumento de este capítulo se fundamenta en el artículo del autor, «Understanding aging: prejudices and misconceptions», publicado en *Handbook on longevity: genetics, diet and disease,* ed. Nova Science Publishers, Nueva York, 2009.

Las hembras de algunas especies de insectos matan y devoran
a sus machos durante o después de la cópula. El fenómeno se
conoce como «canibalismo sexual» y el ejemplo más conocido
y popular es la mantis religiosa. Los biólogos tienen pocas dudas en interpretar el macabro comportamiento como una estrategia beneficiosa para las hembras que lo practican. Así, han
podido demostrar que la extraordinaria fuente de nutrientes
que supone el canibalismo redunda en una mayor posibilidad
de supervivencia de la descendencia. Los expertos no muestran
tanta unanimidad en el beneficio que podrían obtener los insectos macho.

Supongamos por un instante que el macho de la mantis religiosa poseyera la capacidad mental necesaria para razonar y
se planteara investigar la razón evolutiva del canibalismo sexual. Es muy posible que partiera de unas premisas poco objetivas, teniendo siempre en mente que, como macho, podría
acabar su vida de la misma manera que investiga. Incluso no

resulta descabellado creer que llegaría a la conclusión que el canibalismo sexual no puede ser una actitud activamente escogida por selección natural, a la vista que una parte importante de la población a la cual pertenece padece una muerte prematura debida a dicha estrategia. El veredicto final se vería firmemente apoyado en el momento en que el autor de la investigación estuviera siendo devorado por su pareja. No obstante, a los investigadores humanos no les tiembla el pulso, sean machos o hembras, en afirmar la ventaja evolutiva de la práctica caníbal de la mantis religiosa. Así, podríamos concluir, como moraleja de la fábula, que el insecto macho se encuentra sometido a un «sesgo emocional» que lo incapacita, o como mínimo le resta objetividad, para obtener conclusiones científicamente honestas.

Por fortuna, el canibalismo sexual no forma parte de la cartera de servicios con la que la selección natural ha dotado a la especie humana. No obstante, en nuestro caso, envejecer es un equivalente cercano al momento en el cual el macho de la mantis está siendo devorado por su compañera, es decir, el paso previo a la muerte. Ciertamente, la manera más natural de morir en la inmensa mayoría de los miembros del reino animal pasa por el proceso previo, e ineludible, de la senescencia. Así, la vejez es percibida de una manera tan negativa por nosotros como lo sería el canibalismo sexual para la mantis. La razón fundamental de este sentimiento es que convivimos con el envejecimiento, desde la más tierna infancia, y no nos cuesta darnos cuenta de su lado más nefasto, de las enfermedades que comporta, de las pérdidas de capacidades que conlleva y, en último término, de la muerte como su fin extremo.

Los científicos no son ajenos a este sentimiento, los que estudian los motivos evolutivos de la senescencia conocen que, en el mejor de los casos, pasarán por la misma etapa de la vida que analizan minuciosamente en sus gusanos, ratones o chimpancés antes de que la muerte los sorprenda. A diferencia de enfermedades poco frecuentes, de las cuales tan sólo unos pocos se ven afectados, la vejez es una circunstancia universal, tan cotidiana para la comunidad científica como para la sociedad en general. No es de extrañar, pues, que las definiciones de los expertos más prestigiosos definan el envejecimiento desde un punto de vista siempre negativo. Así, por ejemplo, el biólogo norteamericano Maynard Smith apuntaba que «el envejecimiento es un deterioro progresivo y generalizado que se traduce en una probabilidad de muerte cada vez mayor» (Maynard, 1962). Por su parte, R. A. Miller decía que se trata de «el proceso que convierte a un adulto sano en un adulto frágil, con un aumento progresivo de riesgo de enfermedades, lesiones y muerte». L. W. Simmons escribía hace cincuenta años en relación con la senescencia humana, desde una visión antropológica del tema: «el envejecimiento puede ser bueno o malo, pero cuando es bueno es más una conquista que un regalo» (Simmons, 1957). Por todo ello, podemos concluir que también los expertos que se encargan de estudiar el tema se ven sometidos a lo que hemos denominado antes el «sesgo emocional», que les conduce a partir de la idea de que la senescencia es un fenómeno intrínsecamente negativo. Recientemente, Milne, de la Universidad de Newcastle, escribía que «atribuir al envejecimiento un elemento adverso no es más que el juicio auto interesado de un soma pensante» (Milne, 2006). Por su parte, G. C. Williams, en un artículo que trataremos más adelante, se preguntaba hace más de cincuenta años cómo era posible que un tema tan universal como la senescencia generara tan poca literatura científica. El biólogo evolucionista apuntaba varias causas posibles, entre ellas, la «dificultad emocional asociada al envejecimiento» (Williams, 1957).

Nótese también que junto con el sesgo emocional, las definiciones asocian de manera prácticamente invariable la senescencia con la muerte, convirtiendo la primera en el medio para alcanzar la segunda y, a su vez, generando la idea inconsciente de que si existe una razón evolutiva para el envejecimiento, esta razón va ligada a la extinción. El propio Maynard Smith acepta que no es lo mismo envejecer que morir (Maynard, 1962). Hayflick propone que la «finitud de la vida» incluye cuatro fenómenos distintos: envejecimiento, longevidad, enfermedades asociadas a la edad y, finalmente, muerte. Asimismo, aconseja que cada uno de estos cuatro fenómenos debería ser analizado de manera independiente (Hayflick, 2007).

También es cierto que desde hace unos años se le ha empezado a dar una visión más positiva a lo que, desde el campo de la medicina, se ha definido como «envejecimiento exitoso». En realidad, el enfoque optimista se remonta a Cicerone en el siglo primero antes de Cristo, cuando escribió que «la vejez no es una fase de declive y pérdida sino que, enfocándola apropiadamente, abriga la oportunidad de un cambio positivo y un funcionamiento productivo». A menudo, se ha resumido en la máxima de que hacerse mayor debería significar añadir vida a los años, en lugar de años a la vida. Sin embargo, esta aproximación más favorable esconde, igual que las definiciones más negativas, el mismo sesgo de subjetividad, la interpretación antropocéntrica de su significado.

En resumen, podemos ver que incluso antes de profundizar en el verdadero conocimiento de las posibles justificaciones evolutivas de envejecer, partimos de una base absolutamente sesgada, no ponemos la mente en blanco y el contador a cero, sino que empezamos bajo la presión de estudiar un concepto peyorativo por principio. Este hecho ha empujado a muchos pensadores a formular hipótesis que justificaran el prejuicio inconsciente del sesgo emocional y por ello, a lo largo de la historia del pensamiento científico, las voces que claman por una ausencia total de sentido evolutivo a la presencia de la vejez han sido mayoritarias. Porque caer en el error de encontrar una justificación a los conceptos preconcebidos puede inducir a formular hipótesis a conveniencia. Dado que envejecer es una cosa mala, vamos a encontrar motivos que expliquen que no puede ser el resultado de la selección natural. No obstante, utilizando el mismo razonamiento podríamos plantear miles de otras posibilidades a medida. Aquí va una sugerencia:

> Mi vecino tiene un perro. Hace diez años el animal se pasaba la noche, y también el día, ladrando, con lo que dificultaba el sueño nocturno del resto de habitantes del barrio. Actualmente el perro es viejo, apenas tiene fuerzas para moverse y ya no ladra de noche. Si alguien pregunta en el vecindario que para qué sirve la vejez del perro, no serían pocos los que responderían que para poder descansar de noche.

Es posible que podamos entender mejor el error del sesgo emocional si aplicamos al concepto de envejecimiento lo que Kovács apunta para el concepto de salud: «la noción biológica de salud expresa con qué eficiencia el cuerpo y la mente de un individuo pueden ser usados por sus genes para su propia reproducción, la noción cultural de salud expresa con qué eficiencia el cuerpo y la mente pueden ser usados como herramientas para llevar a cabo las preferencias en cuanto a la manera de vivir, los valores y los estándares deseados por una determinada cultura o individuo» (Kovács, 1998, y citado en Gammelgaard, 2000). Ciertamente, el significado biológico y el significado cultural del envejecimiento no tienen por qué ser coincidentes. Tenemos muy claro el sentido cultural, social e incluso demográfico y médico de la senescencia, pero ello no explica su existencia biológica. Así, juzgamos la razón del proceso desde un punto de vista cultural, lejos, en cualquier caso, de la imparcialidad con la que se supone deberíamos tratar el asunto biológico. De la misma manera que la selección natural no se compadece con el macho de la mantis religiosa, tampoco debe sufrir lo más mínimo con los animales que envejecen. Apunta Nesse que «debido a que definimos la salud en términos de funcionamiento individual y de bienestar, a menudo denominamos una condición como enfermedad a pesar de maximizar la eficacia biológica» (Nesse, 2001). Por otro lado, podemos aplicar lo que, siguiendo la propuesta de R. M. Sade, apunta el citado Kovács sobre las formulaciones teóricas de salud y enfermedad, las teorías pueden clasificarse en subjetivistas y objetivistas (Sade, 1995; Kovács, 1998). Queda claro que en el caso particular del envejecimiento podríamos decir que los investigadores se decantan por una interpretación subjetiva.

La corriente oficial de la biología evolutiva ha blindado cualquier posibilidad a una razón evolutiva del envejecimiento utilizando dos grandes argumentos. Ambas justificaciones se han ido repitiendo a lo largo de los años, reproduciéndose prácticamente palabra por palabra (curiosamente con escasas mutaciones sintácticas) y siendo esgrimidas ante cada uno de los intentos para rebatir esa dogmática postura. La aceptación, sin oponer resistencia, a esos dos argumentos consolida la base del sesgo emocional a la vez que constituye el punto de partida de nuevos prejuicios que minan la objetividad con la que afrontar el tema.

El primer argumento es de razonamiento estrictamente evolucionista y nos ocuparemos de él más adelante.

El segundo argumento antiselección es aparentemente sencillo de entender y en una primera apreciación parece irrefutable. Se ha convertido en el cerrojo que cierra la puerta a nuevas formulaciones. Los animales en estado salvaje no mueren de viejos, desaparecen antes debido a accidentes, enfermedades, depredadores, etc. Tan sólo los animales en cautividad exhiben los rasgos del envejecimiento. Así pues, la selección natural no puede haber escogido una estrategia que no está presente en la naturaleza. Punto final. Dada la contundencia, la aseveración no admitiría críticas, de ser cierta. El problema es que no sabemos si es cierta. Se da por hecho que la premisa es verdadera: los animales en estado salvaje no mueren de viejos. Por ello se acepta la conclusión: ergo, la selección natural no ha seleccionado algo que los animales no practican en su hábitat natural. Lo que aparece inconsistente es la premisa. No se puede asegurar tampoco que sea falsa, pero, cuando menos, no debemos aceptarla como dogma de fe. En primer lugar porque existen pocos estudios que analicen a qué edad mueren los animales de distintas especies en la naturaleza. En segundo porque volvemos a caer en la confusión de equiparar envejecer y morir, conceptos que, aunque relacionados, no son equivalentes. En tercero, y creo que el más importante, porque ni tan siquiera sabemos si los animales en libertad realmente envejecen o no, por el simple hecho de que no somos capaces de concretar en qué momento se inicia el envejecimiento. La aseveración del argumento tan sólo podría aceptarse una vez se hayan respondido dos cuestiones previas: ¿Cuándo empieza el envejecimiento? Y, los animales salvajes ¿mueren antes o después de ese momento?

La respuesta a la primera pregunta es obligatoria y hasta la fecha nadie la ha respondido de manera convincente. En el año 1984, Leonard Hayflick, uno de los pioneros en el estudio de la senescencia replicativa, proponía diferentes posibilidades: «el envejecimiento empieza antes de la concepción, después de la concepción, después de la maduración sexual»; y, expuestas las posibilidades, admitía: «pero la falta de una definición precisa para el envejecimiento biológico imposibilita una solución definitiva a cuándo empieza el fenómeno». Finalmente, su punto de vista personal era que «el envejecimiento empieza cuando los genes que garantizan la longevidad dejan de expresarse» (Hayflick, 1984). ¿Y eso cuándo ocurre?

Milne apuntaba que «los procesos de la senescencia operan desde muy al inicio de la vida, empezando incluso antes de la concepción» (Milne, 2006). Así, de manera bastante general, el envejecimiento se define como un proceso continuo que, como resume Balcombe (2001), «empieza con la concepción y continúa hasta la muerte». Este autor es uno de los que distingue el envejecimiento de la senescencia, período este último que se inicia una vez ha cesado la actividad reproductiva.

Uno de los principales problemas que nos dificulta responder a la pregunta de cuándo empieza el envejecimiento es que carecemos de lo que los gerontólogos denominan «marcadores biológicos de la senescencia». La medicina, y la ciencia en general, se fundamenta en hechos demostrables, comprobables y reproducibles, ajenos a las influencias de las modas o del paso del tiempo. Para ello puede emplear parámetros detectables mediante analíticas de sangre, orina u otras muestras biológicas, de radiografías y demás técnicas de imagen o incluso de test psicotécnicos. La ciencia necesita herramientas objetivas y el análisis de la senescencia no las tiene o, en todo caso, aún no han sido encontradas. No disponemos de ningún parámetro que nos indique que esta persona es vieja y aquélla no, ni tampoco la «cantidad de vejez» de un individuo concreto. Es cierto que existen algunos datos orientadores y la investigación de estos «marcadores biológicos del envejecimiento» es, en la actualidad, uno de los campos de trabajo más activo. En el ámbito de la senescencia es especialmente importante encontrar dichos marcadores, ya que se trata de un proceso, es decir, un fenómeno que no sigue la regla del todo o nada, sino que tiene un inicio insidioso y apenas perceptible y tan sólo cuando ha alcanzado determinado grado de evolución se nos hace aparente. Algunos autores han comparado la progresión de la senescencia con el efecto bola de nieve. Disponer de marcadores precoces supone cuantificar el grado y el momento del proceso para conocer a cada instante el tamaño que va alcanzando esa bola. Hoy en día, gracias a la mejora en las condiciones higiénicas y dietéticas y a los adelantos médicos, la esperanza de vida es la más elevada de toda nuestra historia como especie, lo que nos ha llevado a asociar el envejecimiento a un instante extraordinariamente avanzado de esa escala graduada, pero ello no significa que antes de ese instante el proceso no haya empezado. Es seguro que los leones de la selva no alcanzan el nivel de vejez de sus parientes cautivos en los parques zoológicos, pero de esta irrefutable observación no podemos extraer la conclusión de que los primeros mueren antes de envejecer. Además, existe el agravante de que la cronología y el proceso no siguen el mismo camino, el hecho cronológico y el biológico no mantienen una relación constante y definida. Que a partir de cierta edad el gobierno obligue a sus ciudadanos a dejar de trabajar, les pague los medicamentos y les asegure una pensión económica no tiene nada que ver con la biología, con la sensación subjetiva de bienestar ni con la presbicia o la osteoporosis. Decía Josep Pla que «la vejez no tiene un inicio fijado por la abundancia de años, sino que puede manifestarse en cualquier momento». Envejecer es un proceso que, en palabras de Gorman, «queda muy lejos del control humano».

Pero si el inicio de la senescencia es algo todavía difícil de establecer, puede sernos de utilidad estudiar la cronología de las enfermedades asociadas a ella para hacernos una idea de que las manifestaciones fenotípicas, visibles y ya evaluables están precedidas por un largo y silencioso período. Por ejemplo, el Alzheimer es una afectación asociada a la edad y, por su elevada incidencia, refleja el avance de lo que se denomina «envejecimiento patológico». Pues bien, aunque sus manifestaciones, de inicio insidioso, suelen presentarse a partir de la séptima década de la vida, la acumulación en el cerebro de la sustancia responsable, el beta amiloide, comienza unos veinte años antes de que aparezcan los primeros síntomas clínicos (Wick, 2003).

Otra cuestión que resulta ignorada a menudo, pero que debería ser abordada ante cualquier intento razonado de analizar el tema, es cuál fue el primer organismo que envejeció, es decir, en qué momento de la evolución deberíamos situar el origen del envejecimiento. Clásicamente, se han aceptado dos premisas. La primera es que los primeros seres vivos que poblaron el planeta no envejecían. La segunda es que el fenómeno tan sólo aparece en organismos formados por células eucariotas. De ello se asumía que el inicio del envejecimiento apareció después del origen de dichas células, o sea, hace menos de dos mil millones de años. Esta última afirmación ha sido puesta en duda por considerarse que el inicio de la senescencia es todavía más remoto. En realidad, se ha demostrado que las células procariotas también experimentan unos rasgos que entran dentro de la definición de envejecimiento. Tal hecho nos hace retroceder millones de años para creer que el primer ser que envejeció fue un simple organismo unicelular. Al final de la obra analizaremos el sentido exacto que tiene el envejecimiento en seres unicelulares para los investigadores y cómo su estudio puede aportar nuevos elementos en la concepción evolutiva del proceso. Por ahora, nos interesa remarcar otras consecuencias que se derivan de la nueva orientación sobre su origen. Ante todo, un comienzo tan cercano al propio inicio de la vida y que precede a la aparición de la célula eucariota nos justifica que la presencia del envejecimiento sea prácticamente universal. En segundo lugar, nos dice que la evolución posterior a su irrupción en la naturaleza también ha sido muy prolongada, pudiendo haberse dado, durante ese largo camino, diferentes procesos adaptativos particulares. Por otro lado, las primitivas células carecían de ojos, de pelo y de patas, por lo que la visión actual de asimilar la vejez con las canas, la presbicia, la artrosis o cualquier otro elemento que podamos pensar ante la imagen de un animal envejecido es sólo una concepción moderna y evolucionada de un núcleo inicial. Es importante tener en cuenta este aspecto, ya que a veces se proponen hipótesis en función de los cambios observados en algunos de estos parámetros modernos. Además, el núcleo inicial del envejecimiento debía ser extraordinariamente simple, como lo eran los organismos primordiales. La complejidad actual no es más que la consecuencia de la complejidad creciente de los organismos portadores de ese núcleo inicial y de la propia evolución del núcleo.

A menudo, imaginamos la senescencia como un fenotipo compacto, sólido y bien estructurado, actitud que nos conduce a un error que, en este caso, podemos denominar un «sesgo de simplicidad». El envejecimiento no es un proceso compacto adquirido de una vez sino el sumatorio de diferentes fenómenos cuyo inicio se remonta casi al inicio de la vida.

El sesgo de simplicidad también podemos denominarlo el fenómeno de «el relojero viejo». La definición parafrasea una de las obras fundamentales del gran biólogo evolucionista

Richard Dawkins, publicada hace veinte años, que tiene por título *El relojero ciego*. A su vez, el autor británico de origen sudafricano tomaba prestado el título del pasaje de un libro de teología de inicios del siglo XVIII. En su tratado, el teólogo William Paley fundamentaba la existencia de Dios en lo que Dawkins definía como «el argumento del diseño». El religioso iniciaba su demostración remarcando la inconfundible diferencia que existe entre un objeto físico natural, como una piedra, y un objeto complejo, como un reloj. Aun no conociendo absolutamente nada de uno ni del otro, si paseando por el campo nos encontráramos un reloj no dudaríamos en pensar que se trata de un objeto ideado, diseñado y construido con alguna finalidad y por la mano de algún creador. El paso siguiente de Paley es poner de manifiesto la belleza, sofisticación y complejidad de los seres vivos, y como lógica conclusión afirma que, al igual que el reloj, la complejidad de su diseño debe hacernos pensar en un creador, en este caso un ser divino. Con el objeto de dar fuerza a la hipótesis, el teólogo se recrea en la sofisticación de un órgano extraordinariamente útil y complicado: el ojo. Le resulta del todo imposible pensar en otra circunstancia que no sea un diseño planificado de antemano en función de su utilidad posterior y su subsiguiente realización. Es aquí donde Dawkins, en su libro publicado más de dos siglos después, contradice la opinión del teólogo. En la evolución, nos dice el genetista, puede haber diseño sin diseñador. El ojo puede existir sin que nadie lo haya pensado, dibujado, esquematizado y ejecutado. Todo ello lo hace la selección natural, de manera ciega, y sin ningún objetivo final. De ahí el título del relojero ciego de la obra del biólogo de origen sudafricano.

Una de las maneras de entender por qué el ojo no es un diseño premeditado es darnos cuenta de que la selección natural no hizo aparecer el ojo de golpe, sino que es el resultado final de la evolución de muchos pequeños cambios, pasos muy cortos, que conducen desde la presencia de unas células capaces de reaccionar al estímulo de la luz, hasta la sofisticada conexión de un ojo con un cerebro que traduzca esos estímulos en percepciones de cómo es el mundo real. Y de la misma manera que el reloj de Dawkins no es como el de Paley, un diseño de súbita aparición, tampoco la vejez debe ser considerada un fenómeno que se originó de repente, tal y como hoy la conocemos. Muchos expertos plantean la existencia de la senescencia como si se tratara de un proceso compacto, aparecido de manera casi espontánea y olvidando las posibles modificaciones que haya podido experimentar desde entonces. El envejecimiento debe regirse por las mismas reglas que aceptamos para la evolución del ojo, para la especiación o para cualquier otro aspecto sometido a la ley de la selección natural. Aquello que actualmente sabemos definir como senescencia no es ninguna estrategia adquirida en bloque, sino el resultado de un gran número de pequeños pasos, algunos de los cuales, probablemente, sin relación aparente entre ellos.

Finalmente, al sesgo emocional, a la indefinición del momento en que se inicia el envejecimiento y al sesgo de simplicidad, cabe añadir un último error en el que, con frecuencia, caen los estudiosos del tema. Podemos catalogarlo como la falta de actualización de datos. Las teorías se sustentan en algunos postulados que fueron formulados hace más de cincuenta años. La hipótesis evolutiva más novedosa se acerca a los treinta. Es evidente que desde entonces los avances han sido abismales. Entre ellos los de la biología molecular. Hace apenas veinte años se estaba en el inicio y hoy existe una sólida base que apunta la idea de que el proceso, lejos de ser una sucesión de fenómenos estocásticos y sin sentido, tiene una explicación genéticamente factible.

La tesis principal de esta obra es, como afirmaba Ernst Mayr, buscar el sentido de la evolución en un proceso tan aparentemente nefasto como es el envejecimiento. Pero sin prejuicios apriorísticos y basándonos en los conocimientos más recientes aportados por distintos campos de las ciencias biológicas. La hipótesis de trabajo es que el envejecimiento responde a las leyes de la selección natural e intentaré demostrar que, sorprendentemente, envejecer nos permite vivir más tiempo de lo que la naturaleza nos habría permitido sin su existencia.

# Capítulo 3

# El lado oscuro del oxígeno

*«La paradoja de la vida aerobia, o la "paradoja del oxígeno",*
*consiste en que los grandes organismos eucariotas y aeróbicos no*
*pueden existir sin oxígeno, a pesar de que el oxígeno*
*es inherentemente peligroso para su existencia.»*

KELVIN J. DAVIES, 1995

El actor principal de este capítulo, y de todo el libro, es la energía. Obtenerla es absolutamente indispensable para la existencia, y la forma en cómo se hace ha determinado a lo largo de la evolución de las especies dos grandes estilos de vida. Por un lado, nos encontramos con los seres denominados autótrofos, como las plantas, que son capaces de aprovechar directamente la energía solar para conseguir derivados reducidos del carbono. Es lo que conocemos como fotosíntesis, un fenómeno en el cual se genera oxígeno como residuo final. Por otro lado, la mayor parte del resto de los seres vivos, entre los cuales nos incluimos, deben consumir esos componentes reducidos del carbono y sólo a partir de complejas reacciones químicas obtendrán la preciada energía. Este sofisticado sistema se fundamenta en lo que los químicos denominan «reacciones de reducción y oxidación» (conocidas más comúnmente como reacciones tipo *redox)* y su principio básico es la transferencia de electrones.

Los átomos que configuran las moléculas pueden, en circunstancias concretas, ceder o recibir alguno de sus electrones. Estas partículas subatómicas orbitan alrededor del núcleo de la misma manera como los satélites giran alrededor de un planeta. Cada nivel orbital debe contar con un determinado número de electrones para que el átomo en cuestión se mantenga energéticamente estable. Pero algunos elementos no «llenan» por completo la última de sus órbitas y les resulta más estable ceder los electrones desapareados o captarlos de otros elementos cercanos para completar el nivel. El tránsito de electrones de un átomo hacia otro es lo que conocemos como reacción *redox*.

En toda reacción *redox* hay una sustancia que cede electrones y otra que los capta. La que los cede se denomina agente reductor y aquella que los recibe agente oxidante. Cuando el agente reductor da algún electrón él mismo se oxida, mientras que cuando el agente oxidante recibe el electrón se reduce. A partir de aquí, el agente que se reduce puede convertirse en reductor y viceversa. Aunque resulte algo enrevesado, más la nomenclatura que el propio fenómeno en sí, lo que en realidad nos interesa de estas reacciones es que en todas ellas se libera una gran cantidad de energía y es precisamente esta energía la que los seres heterótrofos aprovechan.

Hemos utilizado los términos «oxidación» y «oxidante», que hacen clara referencia al oxígeno. Tal denominación no es aleatoria, ya que dicho elemento es uno de los agentes oxidantes más potentes, es decir, capta con gran facilidad electrones de otras moléculas. Por ello, en una reacción *redox* donde intervenga el oxígeno, éste que es oxidante ganará electrones y se reducirá, mientras que la sustancia que los ha cedido, un agente reductor, quedará oxidada. La molécula de oxígeno está formada por dos átomos unidos de dicho elemento ($O_2$). Esta configuración determina que tenga dos electrones desapareados.

La molécula de $O_2$ puede ganar uno, dos, tres y hasta cuatro electrones de otras moléculas. En las reacciones que rigen este intercambio se originan productos intermedios que han sido implicados como los más firmes culpables del envejecimiento.

Si el primer actor de esta historia es el oxígeno, la primera actriz es la célula eucariota.

Las células eucariotas, aquellas de las que estamos hechos los animales pluricelulares, presentan diversas particularidades que las convierten en más competentes que el otro gran tipo existente de células, las procariotas, y de las cuales las bacterias representan su grupo más numeroso. Por un lado, poseen un núcleo perfectamente delimitado del resto de la estructura celular mediante una membrana de separación. En el interior del núcleo se encuentran los cromosomas formados por el material genético celular. Alrededor del núcleo se dispone el citoplasma, la región donde tienen lugar la mayoría de las reacciones metabólicas de la diminuta estructura viviente. A su vez, en el citoplasma identificamos diferentes estructuras especializadas y, entre ellas, unos orgánulos denominados mitocondrias. Estas partículas fueron descritas por primera vez hace poco más de cien años y desde entonces cada nuevo hallazgo que se ha realizado sobre ellas ha puesto en entredicho los conocimientos vigentes de la biología celular. La mitocondria, un diminuto orgánulo entre las paredes de una diminuta célula, se ha convertido en un objetivo de investigación de primera magnitud y en los últimos cincuenta años se ha erigido en el principal acusado no sólo del envejecimiento sino de un gran número de enfermedades asociadas al proceso.

De las muchas sorpresas que ha deparado el estudio del funcionamiento de la mitocondria nos interesa destacar que es el órgano específico donde tienen lugar las reacciones *redox* generadoras de energía. En este orgánulo, de hecho en cada célula hay centenares de mitocondrias, se transforma la energía necesaria para el funcionamiento celular, por este motivo se conoce como la central energética celular. Una de las grandes sorpresas fue descubrir que la mitocondria cuenta con un conjunto propio de genes, independientes del material genético del núcleo celular.

La aparición de la célula eucariota, con su núcleo, su membrana nuclear y, sobre todo, con sus centenares de centrales energéticas mitocondriales, en el curso de la evolución fue «el hecho más importante y dramático de la historia de la vida», según el gran biólogo Ernst Mayr. ¿Por qué?, volvamos a las reacciones *redox*.

Para poder utilizar la energía hace falta un soporte material y en la mayoría de los seres vivos este soporte o contenedor energético recibe el nombre de ATP (por adenosin trifosfato). ATP es una cantidad de energía extraordinariamente pequeña, útil para los procesos de una diminuta célula, pero poco práctica desde el punto de vista general de un organismo pluricelular. Es por ello que habitualmente no nos referimos a unidades de ATP cuando hablamos de costes energéticos generales, sino que preferimos usar unidades mayores como la caloría o el julio. A pesar de todo, la conversión de ATP a caloría es posible, aunque no se trata de una sencilla regla de tres. Para nuestros propósitos actuales nos basta con retener la idea de que la unidad básica de energía celular es la molécula de ATP.

De las materias primas que utilizamos para obtener ATP, el grupo de los azúcares o hidratos de carbono resulta el más eficaz, no sólo por su alto contenido calórico, sino también por la facilidad en su manipulación a nivel celular. Las proteínas presentan otras funciones más útiles, aunque también es posible lograr energía a partir de ellas, mientras que las grasas son más efectivas como fuente de reserva de esa misma energía. La unidad más simple de azúcar es la glucosa, la única molécula que puede ser utilizada universalmente por todos los seres vivos para obtener energía.

En la actualidad, se conocen tres tipos de células eucariotas, clasificadas en función de la manera como consiguen la energía. La de los seres pluricelulares ya la conocemos, utiliza la mitocondria, donde lleva a cabo reacciones *redox* dependientes del oxígeno. Los otros dos tipos, una vez descubiertos, se han convertido en los juguetes preferidos de muchos investigadores y han sido el punto de partida de innumerables trabajos. Ambos grupos constituyen seres unicelulares o protistos. Uno de ellos se dota de la energía a partir de una especie de mitocondria muy rudimentaria que, en lugar de utilizar oxígeno y generar agua como producto residual, da como deshecho el hidrógeno. Por ello, la mitocondria arcaica recibe el nombre de *hidrogenosoma*. El otro tipo de eucariota no posee ni mitocondrias ni nada parecido y se denomina *protisto amitocondrial*. La manera como esta célula consigue energía es a partir de la fermentación anaeróbica (igual que la levadura o fermento).

La glucosa, a través del fenómeno de la glucólisis (una reacción *redox)* que tiene lugar en el citoplasma celular, independientemente de la mitocondria, puede generar 2 mol (el mol es una unidad de medida) de ATP y dar, como producto residual, moléculas de piruvato. Éste es todo el rendimiento energético que pueden alcanzar las células amitocondriales: 2 mol de ATP. Por otra parte, en la fermentación anaeróbica de los protistos amitocondriales se puede conseguir un extra de otros 2 mol de ATP, total: 4 mol de energía. En cambio, lo que la mitocondria de una eucariota de los organismos pluricelulares puede hacer es aprovechar la molécula de piruvato residual de la glucólisis y, a través del Ciclo de Krebs o de los ácidos tricarboxílicos, es capaz de conseguir hasta

36 mol de ATP a partir de un único mol de glucosa. Es decir, la mitocondria multiplica por nueve el rendimiento energético de las células que carecen de la central energética. Es justo aquí donde radica el principal éxito de la eucariota, en su eficiencia energética. Decía Darwin que un solo grano puede hacer decantar la balanza de la supervivencia, así pues, ¿qué no puede hacer una célula que ha multiplicado casi por un orden de magnitud la producción de energía de sus rivales?

El puzzle de la esencia propia de la vida está encajado, pero la bella historia de la célula eucariota esconde una objeción.

El oxígeno tiene efectos secundarios: es altamente tóxico. Como decía Kelvin J. A. Davies (1995), «el oxígeno tiene su lado oscuro». En el interior de la célula, puede resultar tan nocivo como cuando afecta a los metales abandonados a la intemperie, y en esta toxicidad es donde se asienta la hipótesis más sólida sobre el proceso de envejecimiento. Podríamos resumir que la célula eucariota acaba muriendo de éxito en lo que, en palabras de Davies, constituye la «paradoja de la vida aeróbica». El oxígeno que tanta fama ha otorgado a la célula eucariota acaba destruyéndola. Oficialmente, se conoce como la hipótesis de los radicales libres o del estrés oxidativo y fue propuesta por primera vez en 1956 por Denham Harman. Intuitivamente, la idea es fácil de entender: la toxicidad generada por el uso del oxígeno en las reacciones *redox* determina una serie de lesiones celulares que, tras acumularse a lo largo de los años, desencadena todos los hallazgos característicos de la senescencia. Veamos con más detalle cómo sucede.

Hemos mencionado que el oxígeno es capaz de captar electrones de otros elementos. Puede aceptar de uno hasta, en algunas circunstancias, cuatro de ellos, pero no puede hacerlo de una sola vez, sino que en cada reacción *redox* gana un único electrón. Una vez ha recibido el primero, la molécula de oxígeno ($O_2$) se convierte en otra denominada radical superóxido ($O^{-2}$) (un radical es un átomo o molécula que tiene alguno de sus electrones desaparejados). En el momento que el oxígeno ha captado dos electrones se convierte en peróxido de hidrógeno ($H_2O_2$). Algunos metales, como el hierro y el cobre, son capaces de transferir un tercer electrón, y cuando eso ocurre se rompen los dos átomos que configuraban la molécula de oxígeno para dar una molécula de agua ($H_2O$), por un lado, y un radical hidroxilo ($HO^-$), por otro. Cuando se capta el cuarto y último electrón se genera sólo agua.

Si observamos las reacciones descritas, descubrimos que se han generado dos productos intermedios que hemos catalogado de radicales: el superóxido y el hidroxilo. Estos productos de desecho pueden resultar altamente tóxicos para las moléculas cercanas debido a su elevada capacidad para intercambiar electrones con ellas, lo cual modificará su estructura y, finalmente, su función.

El hecho de que la célula sea capaz de utilizar el oxígeno para obtener energía significa que debe poseer las condiciones técnicas para gestionar una sustancia tan potencialmente tóxica con el mínimo riesgo. En otras palabras, la eucariota debe poseer el título de manipuladora de oxígeno. En términos bioquímicos, tal título significa que tiene los enzimas necesarios para catalizar las reacciones de la manera más eficaz y segura. En este caso, el 98 % del oxígeno es catalizado por un único enzima, la citocromo oxidasa de las mitocondrias. Se trata de una molécula altamente sofisticada que, debido a su estructura tridimensional, le permite almacenar cuatro electrones, es decir, posee cuatro centros *redox*. El enzima va aceptando los electrones de forma sucesiva, los va guardando y sólo cuando los cuatro centros están ocupados los transfiere, todos de una vez, a una molécula de oxígeno, obteniendo con ello dos moléculas de agua. A través de este sistema, la célula evita la formación y diseminación de los dos peligrosos radicales intermedios.

Por desgracia, los esfuerzos para minimizar la toxicidad de las reacciones *redox* mediadas por el oxígeno presentan dos puntos débiles. Han sido identificados dos pasos específicos y concretos en los cuales se generan radicales (principalmente superóxido) que pueden, además, escapar de la cadena de producción y causar desperfectos a cierta distancia. Estos dos puntos débiles se encuentran en el interior de la mitocondria, lugar físico donde tienen lugar las reacciones productoras de energía. Los expertos han estimado que por estos dos agujeros se pierden entre el 1 y el 2 % del flujo de electrones. Dicho de otra forma, entre el 1 y el 2 % del oxígeno que respiramos acaba generando peligrosos y no controlados radicales libres. La traducción real se aproxima a una producción diaria de 160 a 320 mmol de superóxido para una mujer de unos 60 kg de peso y de 215 a 430 mmol para un hombre de unos 80 kg. En fisiología celular, estas cantidades representan una buena suma de residuos nocivos generados por la central energética mitocondrial.

Pero la célula eucariota no permanece impasible ante la imperfección de la eficiencia del sistema y ha creado todo un arsenal de armas para hacer frente, o al menos minimizar, el efecto de las fugas inevitables. Las armas para combatir a los radicales se denominan antioxidantes. Existen enzimas cuya misión es «destruir» los radicales tan pronto como los detectan, entre ellos destacan la superóxido dismutasa y la catalasa. Además, en la naturaleza hay muchas sustancias con acción antioxidante, como las publicitariamente recomendadas vitaminas C y E.

Aún podemos encontrar una tercera barrera defensiva antirradical. Si a pesar de la contención en la manipulación y la lucha de los antioxidantes se acaba produciendo un daño ocasionado por los radicales, se activan una serie de mecanismos reparadores o, en su caso, eliminadores. Su intención es reparar las estructuras celulares afectadas, pero si la lesión es irreversible y la zona atacada resulta irrecuperable se procede a su eliminación. Esta última estrategia es la menos conocida de todas, pero todo indica que involucra una gran cantidad de genes.

De las diferentes interacciones entre el efecto tóxico de los radicales libres producidos por las mitocondrias, por un lado, y los mecanismos defensivos, por otro, se crea una situación final que, desdichadamente, no es de empate. El resultado de la batalla acaba arrojando un balance neto discretamente favorable al bando de los nocivos radicales.

Pero ¿en qué consisten los efectos tóxicos del oxígeno? Existen tres grupos de moléculas en los cuales se ha comprobado su susceptibilidad ante los radicales: los lípidos o grasas, las proteínas y los ácidos nucleicos.

Las grasas fueron las primeras sustancias orgánicas en las que se describió la susceptibilidad al efecto nocivo de un radical. Cuando las grasas se oxidan se vuelven «rancias». Estos lípidos rancios pueden determinar, a nivel celular, una pérdida de función o una alteración de la estructura con la consiguiente alteración de la efectividad de la molécula.

Los ácidos nucleicos son las moléculas que constituyen el ADN, es decir, los genes. Son las letras del código genético y por ello una de las piezas más delicadas de los seres vivos. Cualquier agresión que altere esas letras puede tener resultados catastróficos para la célula y, en consecuencia, para todo el organismo. Diferentes experimentos han demostrado que los radicales libres pueden afectar de forma considerable a los ácidos nucleicos, hasta el extremo de ocasionar mutaciones genéticas. Este hecho liga la teoría del estrés oxidativo con la otra gran teoría del envejecimiento propuesta hace varios años y conocida como de la «acumulación progresiva de mutaciones nocivas», hasta convertir ambas hipótesis en prácticamente sinónimas. Además, debido a su proximidad, el material genético que se ve más amenazado por los radicales es el de la mitocondria, porque es en ella donde se generan los radicales y porque dispone de menos armas defensivas para hace frente a la agresión. Corroborando las suposiciones, se ha comprobado que por término medio se afecta un ácido nucleico de cada 130.000 en los genes del núcleo, mientras que en el caso del ADN mitocondrial la cifra se eleva a uno de cada 8.000.

Los efectos de los radicales sobre las proteínas son mucho menos conocidos, aunque existen numerosas evidencias para pensar que las toxinas del oxígeno pueden modificar su estructura tridimensional y con ello su funcionalidad. Utilizando técnicas modernas han sido identificadas más de cien proteínas diferentes susceptibles, como mínimo, de ser atacadas por el estrés oxidativo. Curiosamente, la mayoría de ellas guarda relación con el metabolismo de los azúcares o hidratos de carbono.

Una vez identificados los ingredientes de la teoría del estrés oxidativo o de los radicales libres, el paso siguiente resulta mucho más complicado. Para demostrar que los productos tóxicos del oxígeno, a partir de su interacción con los lípidos, las proteínas y los ácidos nucleicos de las células, son los causantes de los cambios propios de la senescencia caben las verificaciones experimentales y observacionales. Y la experimentación es lo que resulta más complejo porque nos referimos a hechos que ocurren en el diminuto espacio de una célula y porque son cambios de progresión muy lenta, lo que se tarda en envejecer.

A grandes rasgos, los científicos se enfrentan al problema utilizando diferentes estrategias para demostrar que:

*a)* se confirma la existencia de una acumulación progresiva de moléculas deterioradas a causa de los radicales;
*b)* se comprueba una reducción temporal de las moléculas que siguen intactas a sus estragos; y
*c)* el grado de oxidación de las moléculas diana es progresivo y avanza a la par que el envejecimiento.

Los escasos resultados disponibles parecen, a grandes rasgos, corroborar las premisas, pero harán falta años de experimentación para aceptar la teoría como cierta.

Actualmente, la teoría del estrés oxidativo se resume de la siguiente manera. La utilización del oxígeno para obtener energía comporta como consecuencia que se generen subproductos o residuos tóxicos que denominamos radicales libres, de la misma forma que las centrales energéticas generan productos contaminantes para el medio ambiente. La célula dispone de un buen arsenal de mecanismos defensivos para minimizar el efecto nocivo de esos subproductos, por ejemplo los antioxidantes, los mecanismos reparadores y eliminadores o incluso, como se ha demostrado recientemente, la reconducción de los radicales en beneficio propio, como el control del metabolismo o la inflamación. Pero para cada célula y en su conjunto cada organismo, el resultado neto de la interacción de todos los factores implicados determina un diferencial tóxico específico, un desequilibrio sutil. Este resultado es, en mayor o menor grado, invariablemente favorable a la toxicidad y, por tanto, a la lesión de estructuras celulares. Esta lesión afecta múltiples moléculas vitales para el buen funcionamiento de la célula y el organismo como los lípidos, las proteínas y el material genético sobre el cual pueden incluso inducir mutaciones, que son a su vez mucho más frecuentes en el ADN mitocondrial. Cabe resaltar que la afectación de los genes mitocondriales puede repercutir en el propio sistema generador de energía.

La teoría de los radicales libres reúne en sus postulados otras hipótesis propuestas en momentos diferentes y las convierte en compatibles. Así, por ejemplo, incluye una teoría de las mutaciones somáticas y una teoría mitocondrial. De esta manera, la teoría general del estrés oxidativo se entiende no tanto como una secuencia lineal de acontecimientos sino como una especie de red de fenómenos entramados e interrelacionados, cada uno de los cuales se halla estrechamente relacionado con los demás.

Esta teoría es también compatible con otra hipótesis, probablemente la más antigua de las que la ciencia moderna ha propuesto. Se conoce como la Teoría del ritmo vital *(rate of living)*. Fue apuntada por primera vez en 1908 por el fisiólogo alemán M. Rubner, pero no fue transformada en teoría hasta 1928 por R. Pearl. La idea subyacente es de concepción matemática y establece una relación directa entre gasto metabólico y longevidad. Los seres que mantienen un metabolismo más lento vivirán más y los poseedores de un metabolismo acelerado tendrán una esperanza de vida más reducida. La noción de metabolismo hace referencia al conjunto de reacciones químicas que tienen lugar en un ser vivo y así, a mayor ritmo de reacciones, mayores requerimientos energéticos. Pero ello, si aceptamos como sinónimo el concepto de metabolismo con el de producción de energía, podremos concluir que aquellos seres que requieren fabricar menos energía también generarán menos radicales y los daños en sus células serán menores. Así, los cambios ocasionados, que derivarán en última instancia en el envejecimiento, serán más lentos o aparecerán más tardíamente. Desde este punto de vista ambas ideas parecen muy compatibles, o casi. La teoría del ritmo vital propuesta hace cien años fue olvidada por los científicos porque el estudio de las diferentes especies animales particulares arrojaba algunas excepciones inexplicables. La más notoria era el caso de las aves. Ciertamente, los pájaros tienen un metabolismo muy acelerado y según las estimaciones deberían tener una vida más corta. Algo parecido sucede con los primates. Recientemente, la teoría del estrés oxidativo ha sido reelaborada y se ha introducido un nuevo concepto que podría volver a poner de moda la vieja hipótesis del ritmo vital. La innovación propuesta ha sido bautizada como «generación intrínseca de radicales libres de la mitocondria», y defiende que el rendimiento y la eficiencia de las mitocondrias no son exactamente iguales en todas las especies. En otras palabras, hay especies con mitocondrias más limpias que otras, por lo que generan menos subproductos tóxicos para una cantidad similar de producción de energía. Esta apreciación nos lleva a concluir que cada célula, y por ende cada especie, presenta su diferencial tóxico específico, aspecto que influirá entre muchos otros factores para perfilar la esperanza de vida de cada una de ellas.

A pesar de que la del estrés oxidativo es, con diferencia, la teoría más parecida a una explicación racional sobre las causas íntimas y fundamentales del envejecimiento, no es ni mucho menos la única que inculpa productos de desecho de la fisiología celular como elementos tóxicos y desestabilizadores del correcto funcionamiento del ser en su conjunto.

John W. Baynes, de la Universidad de South Carolina de Columbia, escribe en un artículo publicado en 2001 en la revista *Experimental gerontology* que podemos imaginar nuestro organismo como una enorme y extraordinaria mezcla de productos químicos que reaccionan dentro de un horno a baja temperatura (37 °C es una temperatura baja para un horno), y durante un tiempo tan prolongado que puede superar los ochenta años. Si nos imaginamos de esta forma, resultará muy fácil entender que la factoría puede acumular durante todo este espacio de tiempo una gran cantidad de productos residuales dentro del horno y que pueden tener lugar reacciones no previstas por los ingenieros. Algunas de estas reacciones se dan cuando los azúcares interaccionan químicamente con determinadas proteínas.

La interacción de azúcares y proteínas o glicación de las proteínas es tan sólo el primer paso de una reacción en cadena que puede alterar profundamente la estructura, y por tanto la funcionalidad, de algunas proteínas esenciales. Al final de la reacción se obtienen unas moléculas absolutamente diferentes de las que iniciaron el proceso, que se conocen desde hace mucho tiempo como «productos avanzados de la glicación» o, en sus siglas inglesas, AGE *(advanced glycation end-products)*, un término que, curiosamente, también significa viejo o envejecer. Los AGE han despertado un gran interés como posibles causantes materiales de un sinfín de enfermedades asociadas a la senescencia y sobre todo son los principales encausados en las complicaciones específicas de la diabetes mellitus.

Por otro lado, los culpables de la degradación de las proteínas no son siempre los azúcares, también las grasas pueden tener efectos parecidos. En este caso, siguiendo la misma nomenclatura, a los estragos causados por el ilícito encuentro entre lípidos y proteínas se les denomina ALE (por *advanced lipoxidation end-products)*. Incluso puede suceder que el producto final de tanta reacción indeseable sea tan difícil de reconocer que resulta imposible saber si el culpable había sido un azúcar o una grasa y entonces hablamos de AGE/ALE.

No existe ninguna duda de que los AGE deterioran la acción de ciertas proteínas, como tampoco se cuestiona que su cantidad va aumentando a medida que la edad avanza. Muchos expertos opinan que los destrozos que esos subproductos ocasionan no son espectaculares y que parece excesivo concebirlos como los culpables del envejecimiento, como mucho podrían ser considerados unos marcadores, unos indicadores de que el horno celular empieza a estar demasiado sucio. No obstante, el tema no es tan sencillo porque hay dos factores que dificultan poder extraer conclusiones definitivas. Por un lado, se ha demostrado que los AGE y los radicales libres pueden potenciar sus respectivos efectos. Así, un ambiente excesivamente oxidado puede empeorar las consecuencias derivadas de los AGE. De la misma manera, una acumulación excesiva de estos últimos añade agresividad a los primeros. Por otro lado, en el envejecimiento no sólo se afectan las proteínas, hace falta investigar si, como ocurría con los radicales libres, los AGE son capaces de lesionar la mismísima estructura genética. En este último aspecto los resultados todavía no son concluyentes, aunque existen indicios para creer que el ADN es susceptible a la acción devastadora de los productos avanzados de la glicación.

No podríamos terminar el repaso de las teorías mecanicistas de la senescencia sin mencionar otras dos interesantes hipótesis. La primera recibe la denominación de Teoría del estrés y dice que la senescencia guarda relación con la capacidad de resistencia frente a agresores o agentes estresores y que esa cantidad de resistencia se relaciona con la cantidad de energía que un determinado organismo puede utilizar. De esta manera, un aumento de resistencia al estrés se asocia a una reducción del índice metabólico y a un incremento de la longevidad. La segunda teoría se fundamenta en un interesante fenómeno, una especie de juego científico que se conoce como «hórmesis» y que recuerda la vieja historia, real o tal vez ficticia, de un antiguo rey que vivió hace veinte siglos.

Mitrídates VI, rey de Pontos, apodado el Grande o el Magnífico, llevó de cabeza al poderoso Imperio romano hacia finales del siglo I antes de Cristo. Sus conocimientos guerreros y de estrategia lo condujeron a conquistar gran parte de Asia Menor y a enfrentarse en diferentes batallas con el ejército más poderoso del mundo. Pero además, Mitrídates era un gran aficionado a los venenos y tenía la enfermiza creencia de que moriría envenenado por algún traidor de su propio pueblo. Tal obsesión le impulsó a idear la teoría de que si consumía arsénico en pequeñas cantidades durante mucho tiempo, su cuerpo se volvería resistente a la acción del tóxico y se libraría de la muerte. El presentimiento del monarca resultó acertado, ya que en el año 63 antes de Cristo murió a manos de un esclavo suyo. No obstante, no fue asesinado con arsénico y, por tanto, la teoría no pudo ser comprobada. Pero la historia recogió la idea y hoy día, en el mundo de la toxicología, se conoce por «mitridatismo» el fenómeno de inmunidad a la acción de algún veneno por ingestión de dosis progresivamente mayores. De una manera parecida se ha verificado en múltiples experimentos que cuando exponemos determinados organismos a niveles bajos de substancias tóxicas o a calculadas situaciones de estrés, éstos se adaptan, se vuelven más resistentes y acaban aumentando la longevidad. Esta adaptación progresiva a un ambiente agresivo se denomina «hórmesis» y constituye uno de los posibles mecanismos que justificaría la duración de la vida.

# Capítulo 4

# ¿Qué hay de los genes?

*La cuestión de si existen genes del envejecimiento
depende críticamente del significado
que otorguemos a tres palabras esquivas:
"genes", "del" y "envejecimiento".*

R. A. MILLER, 1999

A pesar del sinfín de teorías que intentan dar luz a las causas del envejecimiento, hoy día nada tiene sentido si no es desde el prisma de la genética. En el caso que nos ocupa, hablamos de unos genes popularizados hasta el extremo de traspasar el silencioso e introvertido mundo de la ciencia para ocupar páginas de periódicos y revistas de divulgación general bajo el atractivo epígrafe de «los genes del envejecimiento». Encontrarlos supondría la victoria final contra la senescencia. Descubrir los genes de la vejez sería como dar con la piedra filosofal o el elixir de la vida. A nadie se le escapa que si algún día llegamos a descifrar el enigma genético el paso siguiente será, tarde o temprano, mucho más sencillo. Manipular los genes supondría jugar con la senescencia, avanzarla, retrasarla o incluso eliminarla. Es una ambición de intenciones espectaculares, de resultados imprevisibles y de consecuencias éticas inimaginables. Y, para nuestros propósitos, un elemento más en el momento de analizar la finalidad última del proceso.

Como resultado de numerosos estudios realizados en los últimos cincuenta años, existe un cierto consenso en aceptar que la duración de la vida depende de un 25 a un 30 % de factores genéticos y el resto es atribuible a factores ambientales. Cabe resaltar que los elementos adquiridos actúan durante toda la vida y que pueden ejercer su influencia incluso antes del nacimiento. No hay que olvidar tampoco que el entorno es en extremo cambiante. Así, cuando los estudiosos dicen que sólo el 25 % de la senescencia tiene carácter genético, hay que saber leer entre líneas, pues aun hablando de herencia su interrelación con el ambiente es inseparable y, al fin, todo depende de la interpretación de las cifras y de los métodos de estudio que se hayan aplicado.

Los humanos, al igual que el resto de los mamíferos y los vertebrados en general, somos seres muy complejos. Poseemos muchos genes donde buscar y vivimos muchos años. Para determinar la influencia de un determinado gen y extraer conclusiones sería necesario esperar, como mínimo, setenta u ochenta años. Además, por razones obvias, algunos experimentos se considerarían éticamente reprobables. Resulta mucho más productivo empezar el estudio de la genética del envejecimiento en organismos más sencillos desde el punto de vista molecular para, a partir de ellos, ir incrementando el grado de complejidad.

De todos los seres vivos, los más sencillos son los unicelulares. Poseen una sola célula, unos cuantos genes y viven poco tiempo. Uno de los más estudiados es una levadura conocida como *Saccharomyces*. En este organismo se ha encontrado que un gen involucrado en el proceso de silenciamiento *(silencing)* es un elemento clave en la duración de su existencia. El silenciamiento es un mecanismo a través del cual otros genes se mantienen inactivos. El gen en cuestión se conoce con las siglas SIR.

Antes de continuar cabe hacer una nota aclaratoria. Hablando estrictamente, los seres unicelulares no envejecen, el fenómeno sólo es reconocido en los animales pluricelulares. No obstante, en este caso se analiza la duración de la vida como unidad precisa y directa de duración de la vida. La estrategia que siguen los expertos es buscar genes relacionados con la longevidad en los unicelulares, para después localizar esos mismos genes, u otros parecidos, en organismos de complejidad mayor.

Otro gen que modifica la longevidad de la levadura es el SNF1, que influye en el aprovechamiento de las fuentes de carbono para obtener energía. De hecho, un gen de la familia de los silenciadores y relacionado con la utilización de energía (SIR2) es uno de los que más influye en la vida del *Saccharomyces*. A medida que vamos conociendo nuevos genes nos damos cuenta de que todos ellos guardan una estrecha relación con los sistemas de obtención de los recursos energéticos.

Finalmente, el RTG2 es uno de los últimos descubrimientos. Su estudio resulta muy interesante, ya que interviene en una especie de comunicación entre el genoma de la mitocondria y el del núcleo. Parece ser que el gen informa al núcleo sobre el estado de forma de la mitocondria. Cuando el gen padece algún tipo de mutación, el ADN principal recibe noticias falsas y genera soluciones erróneas.

Con un nivel de complejidad mayor, uno de los organismos pluricelulares más estudiados es un gusano, de nombre tan complicado como *Caenorrhabditis elegans*. Los datos obtenidos en este animal resultan muy interesantes, ya que pueden ser más extrapolables a los mamíferos. De manera sorprendente, se ha visto que con la manipulación de un solo gen se consigue prolongarle la vida en más del 50 %. El hallazgo apunta la idea que debe existir un grupo reducido de genes absolutamente determinantes de la longevidad del gusano. Uno de estos genes se conoce con el nombre de DAF-2. Se trata de un gen que codifica un producto homólogo (similar) del receptor de la insulina y del receptor del factor de crecimiento parecido a la insulina tipo 1 o IGF-1. La mutación de dicho gen que reduce la cantidad de DAF-2 del gusano alarga la vida del animal y lo mantiene con un aspecto joven, es decir, retrasa el envejecimiento. Parece ser que DAF-2 interviene en una cadena de reacciones fundamentales en el metabolismo interno del invertebrado. Asimismo, cualquier mutación de otro gen que interviene en la misma cadena ofrece iguales resultados. Tal efecto ocurre con los genes age-1 (éste fue el primer gen, descubierto en 1988, que se relacionó con la senescencia) y con pdk-1. Parece obvio que la vía metabólica que implica estos genes guarda relación con fenómenos nutricionales y de reproducción. Todos estos indicios han conducido a los expertos a creer que la duración de la vida posee una elevada influencia hormonal, como mínimo en el gusano, fortaleciendo el papel del sistema endocrino en la génesis del proceso.

Profundizando en los fenómenos que regulan la vía de DAF-2, age-1 y pdk-1, se ha visto que todos ellos intervienen en lo que podríamos catalogar la pubertad de *C. elegans*, en el aprovechamiento de las fuentes energéticas y en su almacenamiento. El conjunto de actividades tan polifacéticas se reúnen en una sola vía metabólica en el gusano, pero a medida que ascendemos en el nivel de complejidad animal se observa que dichas funciones van desdoblándose hasta tener rutas específicas y, en cierta manera, diferenciadas. En los seres más complejos existen vías distintas para controlar, por ejemplo, el envejecimiento, la reproducción o la utilización de las fuentes energéticas. Por eso, lo que puede resultar cierto en el gusano puede no serlo en el humano.

Por otro lado, *C. elegans* con DAF-2 mutado se muestra más resistente a toda forma de lesión por estrés y especialmente al estrés oxidativo, es decir, al efecto nocivo de los radicales libres. Dicho efecto tampoco es casual, ya que se ha visto que mutaciones genéticas que aumentan la longevidad, no sólo en el gusano sino también en otros animales de laboratorio, ofrecen mayor capacidad de resistencia al efecto tóxico de los residuos del oxígeno.

Uno de los objetivos que persiguen los genetistas es encontrar lo que denominan «relojes moleculares». Se trata de genes que, como los relojes, determinan la duración de la vida y marcan el *tempo* del envejecimiento. En el gusano *C. elegans* se ha descubierto uno de estos genes y la noticia ocupó portadas de muchas revistas, científicas y no científicas. El gen fue bautizado con el nombre de clk (por *clock*). La mutación de clk provoca un retardo de todas, absolutamente todas, las funciones del gusano, inclusive la velocidad de envejecer. Así, el animal vive mucho más de lo normal (otro tema es si puede aprovechar el tiempo extra, ya que todo lo que hace lo realiza con mayor lentitud). Posteriormente al descubrimiento de clk se han encontrado genes que desarrollan acciones parecidas en otros organismos. Resulta destacable que clk y genes similares forman parte de la cadena mitocondrial que regula la producción de energía, de modo que su descubrimiento parece corroborar, desde la biología molecular, la teoría de los radicales libres e incluso la del ritmo vital.

Por otra parte, clk, al igual que RTG2 en la levadura, puede actuar de mensajero entre el ADN mitocondrial y el nuclear. Así pues, todo apunta a que los hallazgos genéticos efectuados hasta ahora dirigen la atención hacia tres aspectos básicos que podrían ser los grandes reguladores de la longevidad:

– las vías que intervienen en el metabolismo energético de los seres vivos;
– las moléculas que forman parte de la central energética mitocondrial; y
– la velocidad a la cual se produce dicha energía.

Las mutaciones genéticas que modifican la duración de la vida alteran la velocidad de producción y la cantidad de residuos generados en el proceso.

La existencia de un reloj que marque el tiempo del envejecimiento ha suscitado mucha controversia y no todos los expertos se muestran de acuerdo en la necesidad de su presencia en los seres vivos. Los defensores creen que tales genes justifican el envejecimiento sincrónico de todos los órganos y células de un ser pluricelular. Por su parte, los detractores argumentan razones evolutivas de eficacia energética y optimización de diseño en lugar de un innecesario cronómetro biológico. La naturaleza no es menos eficaz que un ingeniero de automóviles, y por tanto, carecería de sentido diseñar un motor con una vida de cincuenta años para una carrocería que no pudiera superar los diez. No obstante, los «científicos pro-relojes» opinan que la sola existencia de clk es suficiente para diluir cualquier duda, pero además cuentan con dos ases en la manga, uno recibe el nombre de restricción calórica y a ella nos referiremos ampliamente más adelante, el otro es la constatación de que cada especie tiene su ritmo de envejecimiento y su característica duración de la vida, como si cada una de ellas tuviera puesto el despertador a una hora determinada.

Sin duda, la estrella de los genetistas es la mosca del vinagre. La mutación que provoca la pérdida de función de un gen, bautizado con el adecuado nombre de gen Matusalén, alarga la vida de la mosca en un 35 %. No se conoce su acción exacta, pero se sabe que la mutación confiere a los insectos una mayor resistencia a todo tipo de estresores, y en especial a los radicales libres. Fue precisamente en las moscas donde se obtuvieron los primeros resultados que orientaban hacia una posible base genética de la senescencia. El simple hecho de seleccionar en un laboratorio aquellas familias más longevas para ir cruzándolas entre sí ya era suficiente para conseguir, al cabo de algunas generaciones, individuos mucho más viejos.

Llegamos finalmente a los mamíferos. Un gen mutado conocido como p66shc prolonga en un 30 % la vida de los ratones. El gen, como no podía ser de otra forma, interviene en la respuesta al estrés oxidativo. En esta especie como mínimo también parece clara la relación entre hormonas y vejez. Existe una cepa de ratones enanos con un déficit de diversas hormonas hipofisarias que, a pesar de su malformación, vive un 50 % más que sus congéneres sanos. Si la cifra parece poco llamativa pensemos en un humano de 90 años con la apariencia de tan sólo 45.

Hasta aquí algunas pinceladas de los representantes más significativos de los popularmente conocidos genes del envejecimiento, que ocupan con frecuencia la portada de revistas científicas y de divulgación y que, ocasionalmente, saltan a las pantallas televisivas de los noticiarios como el hallazgo definitivo del elixir de la vida. La muestra es escasa y casi a diario se descubren nuevos candidatos. Ello lleva a pensar que el gen en singular no existe, aunque no hay unanimidad en afirmar con cuántos deberíamos contar. Algunos autores han estimado que el 7 % del total de nuestro genoma está relacionado, de un modo u otro, con la senescencia. Para otros especialistas la cifra parece desorbitadamente exagerada (el porcentaje representaría unos 3.000 genes en nuestra especie) porque tal cantidad incluiría aquéllos relacionados muy indirectamente, como los que influyen en patologías propias de la vejez. Una cifra más reducida sería más adecuada o, como mínimo, más deseable, ya que si el 25-30 % de la vejez es de base genética, cuanto mayor sea el número de genes implicados, menor será la contribución neta de cada uno de ellos, y cuanto menor sea su papel más dificultad habrá en encontrarlos.

Si analizamos los ejemplos citados, nos daremos cuenta de que los genes alargan la vida cuando padecen algún tipo de mutación, como si en realidad se tratara de genes proenvejecimiento, que al perder su función permiten al organismo prolongar la vida. Algunos genetistas creen que en el ADN de todo animal deben existir genes «anti» y genes «pro» envejecimiento, y que de su equilibrio obtendríamos la duración de la vida. Hay cierto acuerdo en utilizar el término «gerontogenes» para definir aquellos genes que prolongan la vida cuando pierden su función, mientras que se reserva la denominación «genes de longevidad» para los que alargan la vida cuando aumentan su función. De hecho, genes catalogables dentro del grupo de proenvejecimiento o gerontogenes son fáciles de encontrar, aunque pueden ser específicos para cada especie. En cambio, el grupo de genes antienvejecimiento debería ser mucho más reducido. Se trataría de genes que la naturaleza habría seleccionado en función de las características ambientales. De esta manera, un entorno hostil y poco propicio no favorece la expresión de genes provida, mientras que cuando el ambiente se torna más permisivo vale la pena vivir más y tener una mayor descendencia. Atendiendo a esta hipótesis, los genes antienvejecimiento serían imprescindibles para delimitar la existencia de las diferentes especies, en función del camino que han recorrido en sus respectivos entornos a lo largo de la evolución. Por otro lado, estos genes deberían formar, forzosamente, un grupo reducido, ya que deberían controlar funciones básicas que afectaran a todas las células de un organismo. Para algunos gerontólogos, el objetivo principal es la búsqueda de estos genes retardantes de la senescencia.

Analicemos ahora uno de los fenómenos que ha obsesionado a muchos científicos de todo el mundo desde hace más de medio siglo y que pone a prueba cualquier teoría que pretenda dar una explicación seria al envejecimiento, ya sea desde un planteamiento fisiológico, genético e incluso evolutivo. Nos referimos al aparentemente paradójico efecto de la restricción calórica.

Hacia la década de 1930 se publicó un descubrimiento francamente interesante. Se observó que cuando se alimentaban ratones de laboratorio con una cantidad de comida un 30-60 % inferior a la que ingerían habitualmente, esos animales vivían más tiempo y envejecían mucho más tarde. Los famélicos ratones podían alargar la vida en más de un 50 % e incluso se retardaban las inevitables enfermedades asociadas. Incontables trabajos posteriores han verificado el hallazgo, no sólo en ratones, sino también en todo tipo de animales de experimentación, desde los más pequeños hasta los de mayor tamaño. En los últimos años, han empezado a recogerse indicios de que los simios también cumplen la norma y todo indica que el fenómeno puede ser extrapolable a nuestra especie. Así pues, sea cual sea el organismo, la conclusión es que cuanto menos comen más viven.

El descubrimiento, lejos de tratarse de una curiosidad científica, comporta profundas y trascendentales implicaciones y por ello hay laboratorios que trabajan casi exclusivamente para analizar los mecanismos por los cuales tiene lugar. De entre muchos otros cabe destacar dos elementos que hacen que la restricción calórica (RC a partir de ahora) sea tan interesante: el primero es que parece un efecto paradójico, ya que un menor aporte energético determina una mayor supervivencia, y el segundo y más importante, es que la RC actúa como uno de aquellos relojes biológicos que algunos científicos escépticos rechazan. En realidad, se trataría de un «reloj energético», pero para que pueda determinar unas modificaciones tan concretas y en tantas especies distintas debería tener detrás unos genes, es decir, un reloj genético, quizá el verdadero cronómetro que controla el péndulo de la vida.

La RC presenta muchas otras implicaciones y ha sido una piedra en el zapato de muchas de las teorías evolutivas de la senescencia. Aunque todas ellas intentan dar sentido a la RC, ninguna ha contado con la unánime aprobación de la comunidad científica.

A grandes rasgos, se sabe que el alargamiento de la vida inducido por la RC es mayor cuanto más precozmente se inicie la restricción, es decir, es mucho más efectiva cuando se instaura con las crías que cuando se hace con los sujetos adultos. En segundo lugar, es necesario que la RC sea mantenida, de otra forma, cuando se aumenta la ingesta, toda su magia desaparece y los organismos recuperan la velocidad normal de envejecimiento. Y en tercero, los individuos sometidos a ella acaban siendo más pequeños, más delgados, menos fértiles, pero tan activos como sus congéneres no sometidos al voto de pobreza. Desde el punto de vista de la bioquímica y de la genética, todas estas consecuencias merecen muchas explicaciones.

De las numerosas teorías que se han postulado para dar explicación al fenómeno de la RC, la que cuenta con mayor consenso, aunque sin unanimidad, es la que la relaciona con el índice metabólico. Este dato nos dice cuánta energía gasta un organismo concreto en un determinado período de tiempo. El resultado guarda relación con el índice metabólico basal (IMB), que es la energía mínima que un ser vivo requiere para poder efectuar todas sus funciones vitales, en otras palabras, la energía que necesita para seguir vivo. Si a esa cantidad obligatoria le sumamos la destinada a otras funciones no básicas, como la que gastamos haciendo deporte o trabajando en la oficina, obtendremos el índice metabólico total. Existen muchos experimentos que verifican la idea de que la RC provoca una reducción del índice metabólico. Así, por ejemplo, los ratones que ingieren un 40 % menos de calorías ven disminuido su IMB en un 20 %. También es cierto que a medida que se analizan mamíferos de mayor tamaño los resultados obtenidos son menos claros y en algunos casos contradictorios, sobre todo en primates y humanos, aunque los datos parecen mantener una cierta relación. En nuestra especie, hay ensayos realizados en voluntarios no obesos que confirman que una reducción del 50 % de las calorías provoca una disminución del 19 % en el gasto metabólico.

Que la RC reduzca el índice metabólico tiene su lógica. Si un organismo incorpora menos materia prima producirá y gastará menos energía. Lo que no queda tan claro son los mecanismos que provocan la adaptación al nuevo contexto. El siguiente paso que cabe dar ahora es valorar de qué manera la RC comporta una mayor longevidad. Se han propuesto un gran número de posibles soluciones, pero de todas ellas la del estrés oxidativo es, de nuevo, la más satisfactoria. Los radicales libres son productos residuales derivados del proceso de obtención de energía. Si la producción decrece se genera una menor cantidad de residuo y, como consecuencia, hay menos efecto tóxico de los temibles radicales. La teoría del estrés oxidativo ha superado otra prueba más.

¿Y los genes? Para algunos gerontólogos si el envejecimiento tiene un sentido genético éste se debe al efecto de la RC. Con ello quieren decir que la senescencia podría ser, únicamente, la conjunción de un cúmulo de disfunciones, una desgraciada reacción en cadena. Pero si la RC puede alterar la velocidad de envejecer significa que debe existir un sistema regulador, más o menos elaborado, es decir, un reloj factible de ser modificado. En la actualidad, no hay ninguna evidencia de que la RC afecte directamente a un gen o un grupo de genes. Lo que sí se sabe es que los genes que intervienen en el efecto de la RC pivotan sus acciones sobre las mismas áreas que lo hacían los genes del envejecimiento que hemos analizado previamente, o sea, sobre la obtención y el tratamiento de la energía. Es posible que la RC actúe de forma similar a como lo hacen los genes que, una vez mutados, alargaban la vida y que lo hagan a través de modificar el índice metabólico.

Existen distintas teorías que intentan explicar la RC desde otros puntos de vista. De las evolutivas hablaremos en otro momento, pero algunos autores han postulado el papel directo que ejercen algunas hormonas, como la citada IGF-1 o el fenómeno de hórmesis.

Volvamos a los mecanismos que pueden hacer que la RC disminuya el índice metabólico. La respuesta al ayuno, uno de los subprogramas específicos del sistema de respuesta al estrés que se activa ante situaciones agudas de precariedad de alimentos, incluye una parada del crecimiento y la reproducción mediante la reducción en la producción de hormonas tiroideas, hormona del crecimiento, insulina y gonadotropinas (las hormonas que regulan el ciclo reproductivo). Al mismo tiempo, se observa un incremento en la fabricación de moléculas específicas como los glucocorticoides, las catecolaminas y el glucagón. En estos últimos años, se ha comprobado también que la leptina desempeña un papel relevante en la homeostasis energética. Esta hormona, descubierta a mediados de la década de los noventa y fabricada por el tejido adiposo, se encarga de informar a los centros cerebrales superiores sobre el estado de reservas energéticas, en forma de grasa, que tiene el organismo. Actualmente, es el pilar básico del subprograma «respuesta al ayuno», como lo es también del algoritmo contrario denominado «respuesta a la obesidad». La leptina como elemento fundamental no puede estar desligada del sistema cuando se activa la emergencia del estrés. Muchos expertos creen que la leptina, seguramente junto a otras moléculas, es la que determina la anulación de la capacidad reproductiva, la que frena el crecimiento y la que reduce el efecto termogénico de las hormonas tiroideas. Por tanto, sería la encargada de dirigir la redistribución de energía en situaciones de carencia de aporte, y ello no sólo se debería a una reducción en la cantidad global de grasa corporal total, ya que sus efectos se ponen de manifiesto a las pocas horas de ayuno.

En los animales sometidos a la RC los niveles de leptina se encuentran permanentemente reducidos. Así, en este estado la respuesta del individuo es exactamente la misma a una respuesta al ayuno, aunque con algunas modificaciones debido a que, lejos de tratarse de un fenómeno transitorio o agudo, los efectos de la RC son mucho más prolongados. La reducción de leptina podría ser la causante de los hallazgos fenotípicos de los animales sub-alimentados, que como hemos dicho son más pequeños y menos fértiles. A grandes rasgos, lo que sucede es que la RC provoca un cambio en la utilización de las fuentes energéticas, pasando de utilizar los hidratos de carbono a movilizar las grasas del tejido adiposo de reserva, la función del cual es precisamente su disponibilidad en tiempos de necesidad. Pero con la modificación se activan una serie de genes que, entre otras cosas, determinarán un cambio en el metabolismo del hígado, y que están regidos, entre otros, por la leptina.

Recapitulemos. La RC activa el protocolo de respuesta al estrés que comporta la producción de un conjunto de moléculas, sobre todo hormonas, y la supresión de otras, esencialmente las relacionadas con el crecimiento y la reproducción. El objetivo final es doble: por un lado, reducir al máximo el gasto energético superfluo en situación de carencia; por otro, conseguir un aporte alternativo de energía. El segundo objetivo se consigue movilizando las reservas grasas del tejido adiposo. El interruptor que pone en marcha la vía alternativa es, con toda probabilidad, la leptina. Como resultado final, se genera un funcionamiento al ralentí, que ocasiona que el organismo utilice menos energía, es decir, reduzca su índice metabólico. La central energética mitocondrial se adapta disminuyendo su potencia y, como efecto directo, genera también una menor cantidad de productos tóxicos, en otras palabras, produce menos radicales libres. Ello comporta, según la hipótesis del estrés oxidativo, un menor daño celular y con ello un enlentecimiento del proceso de envejecer y una mayor longevidad. Ni que decir tiene que el razonamiento no es compartido por todos los expertos.

No ha sido posible todavía cuantificar el número de genes que traducen, en la práctica, toda la cadena de los fenómenos citados, pero parece seguro que debe tratarse de una suma nada despreciable. Cabría poner en el cesto todos aquellos que participan en el protocolo de respuesta al estrés, añadiríamos los encargados de reducir algunas actividades, tales como la reproducción, y los que determinan el cambio en el sistema de obtención de energía, para acabar incorporando los que rigen el estrés oxidativo. En cualquier caso, es probable que el efecto antienvejecimiento de la RC no sea tan sencillo como modificar las manecillas de un reloj genético, pero también podría suceder que el efecto final sea exactamente el mismo que tendría el supuesto reloj. En este sentido, recientemente se ha identificado un gen bautizado como Indy *(I'm not dead yet* o «aún no estoy muerto») cuya mutación puede incrementar en un 80 % la longevidad de las moscas. Se cree que la alteración de Indy mimetiza el efecto de la RC debido a que provoca una disminución en la eficiencia del metabolismo energético. Por otro lado, la mutación del gen conocido como CHICO hace perder el efecto prolongador de la vida de la RC en el insecto.

Finalmente, la última vuelta de tuerca en relación con la RC ha sido el descubrimiento de determinadas substancias que ofrecen el mismo efecto sin la necesidad de reducir la cantidad de calorías ingeridas. A efectos prácticos, este hallazgo es el que ha despertado más interés. Estas moléculas podrían convertirse en lo más parecido que jamás habíamos soñado a beber de la fuente de la eterna juventud. En un sentido menos llamativo, conocer cómo actúan significa, para los científicos, descubrir las bases de la RC. Entre las muchas moléculas que otorgan un efecto mimético a la RC, destacan las sirtuinas. Reciben este nombre porque se comportan como *sir2,* el gen con el que encabezábamos la lista de genes y que fue descubierto en la levadura. Curiosamente, a la familia de las sirtuinas pertenece, entre otras moléculas, el resveratrol, una substancia presente en altas cantidades en algunas frutas, como la uva, siendo especialmente abundante en el vino tinto.

# Capítulo 5

# Reloj, no marques las horas

*«Nuestros resultados indican que la pérdida de telómero
en ausencia de telomerasa es el mecanismo temporal intrínseco
que controla el número de divisiones celulares
antes de la senescencia.»*

ANDREA BODNAR Y COLS., 1998

En 1998 apareció en los medios de comunicación una noticia
sensacionalista sobre la genética del envejecimiento. Con gran
entusiasmo, se aseguraba que después de muchos años de investigación se había encontrado, finalmente, el misterioso reloj. Pero no sólo eso sino que, además, los científicos habían
sido capaces de mover sus manecillas casi a voluntad. Por si
fuera poco, el descubrimiento no hacía referencia a gusanos de
nombres impronunciables, moscas ni tan sólo ratones, sino que
habían hallado el ansiado cronómetro en viejas células humanas, las cuales, una vez manipuladas, recuperaban la juventud
y la inmortalidad. Aunque con la prudencia necesaria, como
acostumbran a concluir este tipo de noticias, todo apuntaba a
que se estaba a un paso de conocer la verdadera esencia del elixir de la vida, un líquido que, sin ninguna duda, sabía a telomerasa. Los habitualmente anónimos biólogos moleculares se
convirtieron en el objetivo de muchos periodistas que los ase-
diaban sobre cuestiones relacionadas con los telómeros, una

palabra que más de uno llegó a asociar con los oscuros términos de la antigua alquimia.

Pero a pesar del ruido mediático, lo que los investigadores habían descubierto era sólo un paso más en la teoría que, probablemente, se había convertido en la mayor adversaria a la del estrés oxidativo.

Los telómeros son unas zonas específicas de los cromosomas, concretamente sus porciones más alejadas del centro. Los cromosomas, a su vez, son agrupamientos de los genes y, por tanto, constituyen la esencia física de la información genética de todo ser vivo. Cada cromosoma tiene un determinado número de genes y cada especie animal o vegetal, un determinado número de cromosomas. Como es sabido, los humanos poseemos 46 o, más propiamente, 23 pares, uno heredado del padre y otro de la madre. Así, tenemos dos copias para cada gen, copias que denominamos alelos. En ciertas fases del ciclo celular los cromosomas adoptan una forma parecida a un «8», pero con los dos extremos abiertos, dando una figura compuesta por dos brazos unidos por un punto central. Dicha zona central recibe el nombre de centrómero y la parte más distanciada de él es el telómero.

Se conoce desde hace tiempo que los telómeros no son exactamente iguales que el resto de las regiones cromosómicas. Es como si, debido a su posición tan distal, padecieran un cierto tipo de discriminación. Cuando una célula se divide cada uno de sus cromosomas también lo hace. Ese principio es así para todos los tipos celulares con una excepción: las células germinales (óvulos y espermatozoides), que poseen un único juego de cromosomas (23 cromosomas en total en lugar de los 46 de nuestra especie). De no ser así, cuando se unieran ambos gametos darían embriones de 92 cromosomas. En los demás casos, cuando la célula se divide los cromosomas se duplican por medio de un sofisticado sistema de copia o de «traductores genéticos», los cuales requieren una calidad y una fidelidad de copia perfectas para evitar errores desastrosos. El traductor lee una letra genética en uno de los cromosomas, coge otra igual y la coloca en el sitio que le corresponde del nuevo cromosoma, avanza un paso, lee la letra siguiente y así de forma sucesiva. Pero para que la máquina traduzca correctamente necesita inmovilizar el cromosoma a fin de adaptarse bien a él, para lo cual lleva incorporado un utensilio de anclaje. Así, el cromosoma queda fijado por sus extremos más alejados, es decir, por los telómeros. Cuando el cromosoma es copiado la región telomérica no puede ser leída porque el utensilio de anclaje se interpone entre el lector y los genes. De esta forma, cada vez que una célula se divide, una pequeña parte del extremo de sus cromosomas no puede ser copiada y se pierde en la célula hija. El hecho se va repitiendo tantas veces como divisiones sufre la célula. La pérdida de material genético de los cromosomas constituye la base de lo que se denomina «la teoría telomérica del envejecimiento».

A medida que una célula se divide, los telómeros de sus cromosomas se van acortando hasta llegar a un momento crítico en el cual prácticamente desaparecen. Este hecho parece dar respuesta a un antiguo enigma científico postulado por Leonard Hayflick, en 1961, y conocido como «límite replicativo de Hayflick». El fenómeno pone de manifiesto que las células somáticas, aquellas que no son germinales, no pueden dividirse indefinidamente sino sólo un determinado número de veces. El límite es diferente para cada tipo celular, en función del tejido y de la especie a la que pertenecen. En los años setenta del pasado siglo, se observó que la causa podría ser el progresivo acortamiento de los telómeros. Para explicar cómo sucedería se recurre a menudo a la comparación con un cordón de zapato. Imaginemos que el cromosoma es un cordón y la pequeña funda de plástico que tiene en cada extremo es el telómero. Supongamos que cada vez que nos atamos el calzado, debido a que cogemos el cordón por la funda, ésta se va desgastando. Al llegar a un número determinado de veces la cobertura plástica acabaría despareciendo, el cordón se deshilacharía y seríamos incapaces de sujetar el extremo para la vez siguiente.

Decir que el telómero se va acortando a medida que una célula se divide significa que vamos perdiendo telómero conforme envejecemos. De ello se desprende que los telómeros pueden ser, aunque sólo por una coincidencia temporal, los reguladores de la senescencia. Pero la similitud cronológica es un argumento muy poco consistente para las exigentes mentes científicas y por ello los investigadores llevan veinticinco años buscando la relación entre vejez y telómero. En este tiempo se han hecho avances interesantes. Se ha visto, por ejemplo, que la reducción de la longitud del telómero actúa como factor desencadenante de diferentes procesos típicos de la senescencia. El mecanismo de conexión aún no está claro, pero parece relacionado con la perturbación de los genes que se encuentran en la zona limítrofe a la región telomérica. Sin embargo, probablemente el fenómeno mejor estudiado es la ligazón entre telómero y apoptosis o suicidio celular. Con todo, la teoría telomérica ha sufrido avances y retrocesos y en los últimos años está siendo revisada a tenor de los nuevos descubrimientos en el campo de la biología molecular.

Hemos mencionado que las células somáticas sufren el deterioro de sus telómeros y están sometidas al implacable límite de Hayflick, pero hemos dejado de lado las células germinales. Éstas no tiene límite, como tampoco lo tienen las células hematopoyéticas (las que dan lugar a los componentes celulares de la sangre) y la mayoría de las células cancerosas. Estas últimas poseen, entre otras muchas cualidades, el don de la inmortalidad, aspecto que les confiere una ventaja sobre las células normales sometidas al estricto control de la vida y la muerte. La particularidad que une a todas las células que escapan de la ley de Hayflick es, como se puede haber intuido, la ausencia del acortamiento telomérico. ¿Cómo lo consiguen? Gracias a unas moléculas complejas que conocemos como telomerasas.

Las telomerasas son estructuras moleculares formadas por un componente genético (RNA) y otro proteico. Su mecánica de acción todavía no es enteramente conocida, pero su funcionamiento básico parece ser el siguiente. La porción genética actúa de molde para fabricar telómero. En realidad, el telómero es una fracción de ADN que no tiene ningún sentido, ya que repite diversas veces las mismas «letras» genéticas (o ácidos nucleicos). Así, lo que la telomerasa hace es ir añadiendo «palabras» teloméricas, de modo que el telómero no se acorta y la célula puede seguir dividiéndose sin ningún límite.

Una vez se descubrió el papel de las telomerasas se hizo la luz en las mentes de los imaginativos científicos. Se pusieron en marcha un gran número de experimentos hasta que dos grupos de trabajo, casi a la vez, hicieron públicos unos resultados sumamente interesantes. Los artículos fueron publicados a inicios de 1998 y los medios de comunicación general los recogieron aquel mismo invierno.

Uno de los trabajos fue publicado en la revista *Science:* Andrea Bodnar y su equipo habían implantado genes de telomerasa en células humanas somáticas que carecían de ellas. Observaron que las nuevas células escapaban a la ley de Hayflick, podían continuar dividiéndose más de veinte veces por encima de su límite y, además, se mantenían jóvenes. Sólo un mes más tarde, Vaziri y Benchimol publicaban unos resultados similares en la revista *Current Biology*. En este segundo trabajo, se utilizaban como receptoras de las telomerasas unas células envejecidas y, a pesar de ello, el resultado final era el mismo. Las telomerasas eran efectivas incluso cuando el proceso del envejecimiento se encontraba en un estado avanzado.

Desde entonces, los telómeros, las telomerasas y su papel como reloj de la senescencia están siendo minuciosamente examinados y es posible que dentro de unos años puedan dar resultados más esperanzadores, no sólo en el campo de la geriatría, sino también en el tratamiento del cáncer.

La teoría telomérica es una de las más firmes candidatas a explicar el envejecimiento a través del límite de Hayflick. Este investigador postuló a partir de su propia experiencia su hipótesis particular, antes de conocer el papel de los telómeros, y la bautizó como «senescencia replicativa» o «senescencia celular».

La «senescencia replicativa» postula que el envejecimiento de los organismos pasa por el envejecimiento de cada una de sus células. Éstas tienen un límite de divisiones a partir del cual ya no pueden dar más células hijas. Cuando llegan al final de sus días reproductivos se convierten en células senescentes. A pesar de lo atractivo de la hipótesis, cabe resaltar algunos puntos débiles que complican la lógica de su enunciado.

El límite de Hayflick no es un reloj normal, ya que no marca la hora. Se trata más bien de un contador, un instrumento que cuenta el número de divisiones, pero no el tiempo que vive una determinada célula. Algunos autores inventaron el término «replicómetro» para matizar el verdadero efecto de los telómeros en el contexto de la teoría replicativa. Se ha observado que si se manipula el ritmo de división para hacer que las células se reproduzcan a mayor o menor velocidad, el resultado final es idéntico, acaban dividiéndose el mismo número de veces, pero se modifica el tiempo que tardan en hacerlo. Así, la senescencia replicativa no ha descubierto tampoco el reloj, sino el «cuentavueltas del envejecimiento». Por otro lado, el fenómeno sólo afecta a aquellas células con capacidad para dividirse, pero no explica el proceso en aquellas, como es el caso de las neuronas, que no se dividen jamás.

Las células senescentes son viejas e incapaces de continuar dando descendencia, pero no están muertas. De hecho, mantienen una gran actividad metabólica que, además, es diferente de las que llevan a cabo las células más jóvenes. Teniendo en cuenta los intensos trabajos de laboratorio realizados desde la formulación inicial de Hayflick, se acepta que la senescencia replicativa es fundamental para entender algunos fenómenos observados durante el envejecimiento y el cáncer, pero no es, en ningún caso, la última palabra sobre el tema.

¿La teoría de la senescencia replicativa ha desplazado a la del estrés oxidativo? A la vista de los numerosos estudios realizados sobre ellas, ambas concepciones parecen tener tanta fuerza que existe la convicción de que ninguna de las dos puede arrinconar a la otra, sino que podría tratarse de dos procesos compatibles. Muchos expertos creen que no hay un único mecanismo que pueda explicar todos los elementos de la senescencia. Además, se han hecho muchos esfuerzos para intentar casarlas e incluso encontrar una causa común. Ciertamente, hay indicios para pensar que el motivo del acortamiento de los telómeros pueda ser, en parte, debido al propio efecto tóxico de los radicales libres. Se ha comprobado que mediante la modificación del ambiente oxigenado de la célula se varía la velocidad de la senescencia replicativa. Se ha demostrado también que la secuencia de ADN del telómero es más susceptible a la lesión por radicales y que los mecanismos reparadores a tales daños son mucho menos eficaces en el extremo distal del cromosoma. Así pues, es posible que el inicio del proceso de la teoría telomérica radique en una fragilidad especial de esa región genética. Si ello fuera cierto, la teoría de la senescencia replicativa se convertiría en un efecto particular y muy grave del lado oscuro del oxígeno. En este sentido, se ha propuesto recientemente la hipótesis de las dos barreras, según la cual las células cuentan con dos obstáculos que les impiden ser inmortales. La primera barrera es el telómero, que mediante su progresivo acortamiento limita el número de divisiones celulares. El segundo obstáculo es la acumulación de sustancias tóxicas, como los radicales libres. Por otro lado, hay quien duda de la importancia de los telómeros en la senescencia y cree que ni tan sólo pueden considerarse replicómetros, sino pasivos marcadores de las células con grave inestabilidad genética.

De lo analizado hasta el momento, podríamos resumir que la teoría del estrés oxidativo y la de la senescencia replicativa son, actualmente, las dos interpretaciones más atractivas para explicar la complejidad de la senescencia. No obstante, estas dos hipótesis no son, en ningún caso, las únicas. Como hemos dicho antes, en 1990 Medvedev recopiló todas las propuestas publicadas hasta la fecha y encontró más de trescientas. A pesar de tanta disparidad, pueden agruparse en categorías superiores, ya que muchas son variantes puntuales de formulaciones previas. Así, siguiendo la clasificación que hizo Axel Kowald en 1992, podríamos establecer las siguientes categorías:

- Teoría de los radicales libres o del estrés oxidativo.
- Teoría de los errores catastróficos, una reacción en cadena cuyo inicio estaría en una aberración del material genético.
- Teoría de la mutación somática.
- Teoría de los defectos en los orgánulos. En este grupo situaríamos la teoría mitocondrial.

- Teoría del *cross-linking,* o de la degeneración de diversas moléculas, especialmente proteínas, que sería la responsable de los desperfectos.
- Teoría de los productos residuales.
- Teoría telomérica.

Si analizamos con detenimiento los enunciados de las diferentes propuestas veremos que todas ellas siguen un patrón repetitivo, pues encontramos la presencia de un agente agresor y de un agente agredido. El primero varía en función de la teoría, es decir, pueden ser los residuos tóxicos del oxígeno, determinados agentes físicos o químicos, AGE, etc. Por el contrario, el agente agredido es invariablemente el mismo, el ADN, ya sea en forma de mutaciones o como deshilachamiento de los telómeros. Y el resultado también se mantiene constante, pues a pesar de los sofisticados mecanismos que el organismo activa para hacer frente al agente agresor, siempre, inevitablemente, la victoria final cae del lado de este último, como si existiera de antemano un desequilibrio sutil. La pregunta que se nos plantea a la luz de todos estos descubrimientos es la siguiente: ¿Es ese equilibrio que acaba por determinar el proceso del envejecimiento una estrategia de la selección natural? ¿Cuál es el significado evolutivo del desequilibrio sutil?

# Capítulo 6

# Probetas inmortales, apúntemelo en la cuenta y cuerpos de usar y tirar

*«La idea de que el envejecimiento
es un programa genético
modelado a lo largo de la evolución
y seleccionado por su propio interés,
es un anatema para la teoría evolutiva.»*

JOSHUA MITTELDORF, 2006

Las teorías evolutivas intentan dar explicación a aquellos hechos observados en la naturaleza de los seres vivos de acuerdo con las leyes de la evolución, propuestas por Charles Darwin y matizadas y perfeccionadas por autores posteriores. Esta aproximación al porqué de las cosas resulta extraordinariamente atractiva, sobre todo en aquellos fenómenos de amplia distribución, y para los cuales se ha demostrado una base genética. La razón de su interés radica en la idea, simple y genial, sobre la que se erige toda la teoría de la evolución y que nos dice que aquellos rasgos más comunes han sido conservados a lo largo de la historia natural debido a que comportan alguna ventaja evolutiva en la supervivencia de sus poseedores. De otro modo, las variaciones genéticas nocivas son susceptibles de ser erradicadas por medio de la poderosa fuerza de la selección natural.

De la multitud de fenómenos analizados, el envejecimiento es quizá uno de los más interesantes. Partiendo de las premisas antes apuntadas, el proceso, de distribución universal, se nos presenta como negativo para la supervivencia. La senescencia es una degeneración progresiva que acaba con la muerte del ser vivo y limita su capacidad reproductiva, reduciendo las oportunidades de que un organismo pueda pasar los genes a la generación siguiente. Por tanto, también desde la óptica de la evolución, aparece como una estrategia contra-natura, nada beneficiosa y, por ello, no cumple con los requisitos supuestamente planteados por la selección natural para su fijación en el genoma de los animales que lo sufren. Así, el envejecimiento se ha convertido en un reto, que ha celebrado los cien años de enfrentamiento, para los biólogos evolucionistas.

Existe una gran unanimidad al aceptar que un intencionado (desde el punto de vista evolutivo) programa genético dirige todos los procesos biológicos que tienen lugar desde la concepción hasta la maduración reproductiva. Pero cuando se alcanza esta madurez, la unanimidad se divide en dos grandes corrientes: por un lado, los que creen que el envejecimiento continúa formando parte de ese programa genético; y por otro, los que opinan que se trata, tan sólo, de un cúmulo de desaciertos moleculares sin ningún sentido ni finalidad (Hayflick, 2007). La primera explicación justifica su existencia a través de postular que, lejos de tratarse de un problema, el fenómeno es beneficioso y, por tanto, sigue las reglas generales de la selección natural. Obviamente, en este caso cabe hacer el esfuerzo intelectual inicial de despojarse de los sesgos mentales que hemos visto en el capítulo 2. Quizá por ello, la segunda propuesta es la que cuenta con un mayor grado de soporte y se erige como la candidata preferida de las tesis más oficialistas dentro del campo de la biología evolutiva.

La posibilidad de que el envejecimiento sea una ley de vida inevitable es la que cuenta con más adeptos y el planteamiento general cabe atribuirlo a sir Peter Medawar (1915-1987). El autor, premio Nobel de Medicina en 1960 por sus trabajos en el campo de la inmunología, recogía ideas apuntadas por biólogos evolucionistas de la década de 1930 y les daba forma y coherencia en una atractiva propuesta que sentaría las bases de todas las concepciones teóricas aparecidas posteriormente. En concreto, recogía el planteamiento de John Burdon Sanderson Haldane (1892-1964), uno de los científicos más prestigiosos del período entre guerras.

El modelo de envejecimiento de Medawar quedó plasmado en un artículo que se ha convertido en un clásico dentro de la especialidad. La argumentación, profunda pero de comprensión aparentemente fácil, fue expuesta en una conferencia magistral en el University College de Londres en 1951, y después quedó plasmada en una publicación del año siguiente con el título *Un problema de biología no resuelto* (1952). El inmunólogo proponía, como punto de partida, imaginarnos una población de seres inmortales.

Como modelo teórico, a Medawar le importaba muy poco que los inmortales miembros de su hipotética comunidad fueran plantas, animales e incluso seres vivos y por ello eligió una inverosímil población de probetas de un laboratorio. El autor esgrimía que la ausencia de envejecimiento no era, como podía pensarse a priori, sinónima de inmortalidad. Las probetas de vidrio de un laboratorio de investigación se mantienen inalterables, no envejecen, pero pueden caer de las estanterías y romperse. La única diferencia con una especie que envejece es que los miembros de la comunidad de Medawar no se vuelven más frágiles ni son más susceptibles a la muerte en función de la edad, la premisa que, como hemos comprobado, han utilizado muchos autores para definir la senescencia. De la misma manera pueden romperse (morir) las que llevan tiempo en su anaquel como aquellas que acaban de salir de la fábrica.

El paso siguiente del razonamiento nos lleva a imaginar que, aunque las probetas se rompen-mueren por azar, lo hacen siguiendo una cierta periodicidad y las que se pierden son puntualmente reemplazadas por el bedel del laboratorio. De esta manera, todos los habitantes están expuestos a morir, pero la población mantiene constante su número de individuos.

Las probetas inmortales de Medawar se han convertido en la base de diferentes modelos posteriores en el estudio de las causas evolutivas del envejecimiento. Estos modelos reconocen como causas extrínsecas de muerte los estropicios espontáneos de la teórica población y han aceptado que, como pasa con los tubos de ensayo de los estantes del laboratorio, es un hecho absolutamente inevitable. Así, la clasificación de inmortales tan sólo hace referencia a la resistencia a morir por lo que se denominan causas intrínsecas de muerte, que es lo que conocemos como causas no relacionadas con el exterior sino con el propio individuo y que, con el tiempo, se han convertido en sinónimos de causas asociadas a la vejez.

Pero volvamos al laboratorio de Medawar. Con el paso del tiempo, manteniendo las mismas condiciones, encontramos entre la comunidad probetas de edades diferentes. Las más jóvenes son aquellas que el bedel ha repuesto más recientemente y las más viejas las que llevan días en su lugar. Pero tanto unas como otras se conservan en apariencia exactamente igual y presentan en todo momento el mismo riesgo de romperse-morir. Cabe reparar aquí en un concepto básico del razonamiento de Medawar. Incluso en esta extraña colonia no existe el mismo número de elementos jóvenes que de viejos. La cantidad de probetas jóvenes es mucho mayor que la de probetas viejas. La razón es muy sencilla, cuanto más tiempo se lleve en el estante, más números tiene un individuo de la comunidad de romperse. Las probabilidades matemáticas de resistir cinco semanas a la caída son menores que la probabilidad de superar cinco días intacto, a pesar de que el riesgo diario sea el mismo. Así pues, incluso aquellas poblaciones que no conocen lo que significa envejecer cuentan con más elementos jóvenes que viejos. Como dice Medawar en su artículo, es la sencilla y vieja historia del cántaro y la fuente.

El artículo avanza otro paso y ahora el autor nos invita a imaginar que las probetas tienen vida propia. La principal diferencia es que podemos prescindir del bedel. Ellas mismas se encargarán de reponer las compañeras que hayan caído. Nos da igual el tipo de reproducción que utilicen, lo que es obligatorio es que el ritmo de nacimientos sea el mismo que el de defunciones para mantener el equilibrio de la población. Cabe darse cuenta de que las probetas continúan siendo inmortales y por ello permanecen reproductivamente útiles durante toda su vida. Además, cada una de las probetas debe aportar una cierta cantidad de descendencia para mantener la especie. Podríamos decir que a cada una se le exige tener un determinado número de «probetas-bebé». Pero fijémonos que, como conjunto, el grupo de las viejas contribuirá menos en la tarea, y no porque sean menos fértiles sino porque las viejas son menos numerosas. De tal manera que siempre, incluso en sociedades sin senescencia, los individuos jóvenes son los que más aportan en la creación de la generación siguiente.

Finalmente, Medawar da el gran salto y nos plantea qué sucedería si la población del laboratorio dejara de ser inmortal. Ello significa que, además de poder romperse-morir por causas extrínsecas, las probetas pudieran sufrir una especie de desintegración debida a una alteración interna. El científico británico de origen brasileño nos introduce el concepto de envejecimiento en su particular conjunto de seres de experimentación y analiza si el cambio alteraría de manera significativa el equilibrio de la población.

Medawar se plantea las consecuencias de lo que hemos definido como causas intrínsecas sobre una población teórica. ¿Cuáles serían las repercusiones de la desintegración espontánea en el país de las probetas? Depende, nos dice. Depende de la edad a la que tuviera lugar el ominoso acto. Si la muerte intrínseca afectara a los especímenes jóvenes, el resultado sería desastroso porque es el grupo que más colabora en la fabricación de «probetas-bebé». Por tanto, la descendencia quedaría mermada y la población se reduciría hasta su extinción. Pero si las probetas se colapsaran a partir de un cierto tiempo de estar en las estanterías, es decir, afectara a aquellas que hemos clasificado como viejas, los efectos serían mínimos, ya que su contribución a la procreación es insignificante y, además, repercutiría en un grupo pequeño de la comunidad.

Con el ejemplo, un tanto extraño, de las probetas inmortales, el científico nos demuestra un hecho básico de la teoría de la evolución: que la fuerza de la selección natural se debilita a medida que aumenta la edad del organismo (la idea que había introducido Haldane) y ello es debido a la menor contribución del sujeto viejo en la descendencia. En la década de 1950 existía una incipiente aunque sólida base sobre los mecanismos que rigen la genética y la herencia y, por ello, Peter Medawar aceptaba que el proceso de la senescencia, el equivalente a la desintegración intrínseca de las probetas, debía estar determinado genéticamente. De ser así, los genes del envejecimiento actúan en un momento poco molesto de su biografía, y por ello la naturaleza no se molesta siquiera en eliminarlos, aunque subjetivamente ocasionen efectos nocivos. De esta brillante manera, el Premio Nobel de Medicina resolvía la paradoja. En todo caso, la naturaleza se encarga de desplazar esos inevitables problemas a un momento de la vida de los individuos que resulte poco o nada inconveniente para la procreación. Como el propio autor decía, en ocasiones la única forma que tiene la naturaleza de eliminar un rasgo deletéreo es retardarlo en el tiempo, colocarlo en un momento de *shadow evolution* o sombra evolutiva. En definitiva, la propuesta que el autor británico defendía era que el envejecimiento no es más que la encapsulación a un tiempo adecuado de unos inevitables defectos genéticos. La propuesta de sir Peter Medawar se conoce como la Hipótesis de la acumulación de mutaciones, debido a que la selección natural no se entretendrá en eliminar mutaciones aparecidas en el ser postreproductivo. El resultado de la acumulación de esas mutaciones toleradas dará lugar a la senescencia.

La propuesta de Medawar ha sido criticada por poco científica y un tanto caótica, y se le ha recriminado que no fue capaz de estructurarla de manera clara y concisa. La denominación «acumulación de mutaciones» para definir su planteamiento fue acuñada mucho más tarde.

Tan sólo cinco años después de la aparición del trabajo de Medawar, otro prestigioso teórico de la biología evolucionista publicaba su particular visión sobre el envejecimiento. George C. Williams (1926-2010), creador de la llamada medicina evolutiva, publicó en la revista *Evolution,* en diciembre de 1957, el escrito probablemente más influyente sobre el tema aparecido desde la fecha. Las ideas de Williams se agrupan en la teoría del «pleiotropismo antagónico» (la denominación fue inventada muchos años más tarde) y parten justo del punto donde Medawar había llegado con sus probetas inmortales, aunque el autor confesó que mientras escribía el manuscrito no había leído los trabajos de Medawar, de los cuales tuvo conocimiento mucho tiempo después (Rose, 2008). No obstante, el enunciado de Williams es más teórico y huye de ejemplos hipotéticos.

Williams se pregunta de entrada, con cierto asombro, cómo es posible que tras el maravilloso acto de formación de un animal complejo éste sea incapaz de llevar a cabo la simple tarea de mantener aquello que ya está hecho, que se deje llevar, con el paso del tiempo, a un grado de deterioro tal que lo acerque a su extinción. Seguidamente, plantea que las alteraciones genéticas que favorecen el proceso de la senescencia no sólo no pueden ser eliminadas, como proponía Medawar, sino que podrían incluso conservarse en el caso de que aportaran algún tipo de beneficio. Sin embargo, el efecto favorable no vendría dado por el fenómeno en sí mismo, sino por algún motivo al cual el envejecimiento estuviera íntimamente ligado. El autor estadounidense nos propone reflexionar sobre el papel real de los genes, para llegar a la conclusión de que es muy factible que no presenten una única tarea. El concepto de «un gen, una proteína, una función» se convirtió en una máxima en los inicios de la era molecular, pero cuando se empezó a profundizar en el conocimiento de la genética y se percibió una complejidad muy superior a las simples leyes mendelianas, la propuesta empezó a ser desechada. Williams explica que los genes pueden ofrecer distintas prestaciones. Algunos de ellos son capaces de ocasionar unos efectos en una fase de la vida y otros efectos en otra fase e, incluso, puede darse el caso de que esos efectos resulten beneficiosos en un momento para dejar de serlo en otro. De esta manera, los genes proenvejecimiento podrían otorgar grandes beneficios a los individuos en su juventud, mejorando, por ejemplo, su capacidad reproductiva, es decir, su eficacia biológica, y por ello serían conservados en el genoma. Pero ese mismo fragmento de ADN podría convertirse en dañino una vez que se alcanzara cierta edad. No obstante, si la molestia se diera justo en aquel momento de sombra evolutiva de Medawar, es decir, en los individuos que aportan poco a la perpetuación de la generación siguiente, la naturaleza no se molestaría en eliminarlos, es más, los conservaría por el efecto beneficioso previo y sería incapaz de juzgarlos en la madurez. Los genes con diferentes funciones se denominan pleiotrópicos y, como en el modelo de Williams, se trataría de efectos contrarios, la propuesta se conoció como la teoría de los pleiotropismos antagónicos, aunque algunos la han rebautizado como la del «ya pagaré luego».

Según el autor de la influyente obra *Adaptación y selección natural* (1966), la forma de envejecer, el momento de hacerlo y la velocidad del proceso no quedarían fuera del programa de la selección natural. Es evidente que el antagonismo debe ser netamente favorable al beneficio reproductivo y no puede serlo a cualquier precio. Así, de la misma manera que Medawar decía que la naturaleza retrasa los inevitables problemas a momentos poco o nada delicados, Williams cree que la naturaleza puede modificar la velocidad a la que esos problemas se desarrollan. De los dos autores se desprende que el *tempo* de la senescencia está regulado por la selección natural, aunque el propio hecho sea tan sólo la consecuencia de unos fenómenos inevitables, o de los efectos secundarios de unos genes tonificantes, pero que en ningún caso han sido activamente seleccionados.

A partir de la propuesta de Williams muchos investigadores se lanzaron a la carrera en busca de ejemplos prácticos de genes que pudieran incluirse en la categoría del pleiotropismo antagónico, es decir, que mejoraran el desarrollo de los estados más precoces de los organismos, pero que al mismo tiempo formaran parte de alguno de los conocidos mecanismos del envejecimiento. El propio autor propuso algunos casos, como aquellos genes que pudieran influir en la consistencia de los huesos y que se relacionaran después con enfermedades degenerativas por depósitos de calcio en articulaciones o arterias.

Los ensayos realizados con animales de experimentación apoyan claramente la existencia de tales genes, pero cada nueva propuesta ha generado un sinfín de dudas para aceptar sin recelo que cumplen con los criterios de la definición.

En los últimos años, la irrupción de la biología molecular y de todos los avances que ésta ha motivado, ha abierto nuevos caminos de estudio y ha permitido descubrir otros genes que bien podrían consolidar la teoría de Williams. Así, por ejemplo, utilizando esta aproximación genética, los investigadores holandeses Bochdanovits y De Jong detectaron 34 genes cuya expresión respondía a los criterios del pleiotropismo antagónico en relación con el *compromiso*[2] entre la supervivencia de la larva y el tamaño adulto de la mosca *Drosophila melanogaster* (Bochdanovits, 2004).

Queda fuera del objetivo de este trabajo extendernos en la búsqueda de genes que cumplan con los postulados de Williams, pero existe una proteína, conocida como p53, que ha sido expuesta como el ejemplo perfecto. En síntesis, esta proteína desempeña un papel fundamental en la defensa del organismo contra el cáncer. Así, los individuos que tienen una mutación del gen p53, que inutiliza la función de la proteína, presentan un riesgo muy aumentado de sufrir diferentes tipos de tumores malignos. Incluso se conoce una enfermedad hereditaria humana, el síndrome de Li Fraumenni, que se caracteriza por que los miembros de la familia afectada presentan unas cifras de tumores, de mama y digestivos principalmente, muy superiores a las de la población general. Por otro lado, animales de laboratorio manipulados genéticamente en los cuales

---

[2] El significado evolucionista de la palabra «compromiso» se verá en el capítulo siguiente.

se ha potenciado la expresión p53 muestran una significativa resistencia al cáncer. Pero, por desgracia, los investigadores se dieron cuenta hace años de que un exceso de proteína tampoco resultaba positivo, ya que aceleraba de manera notoria el envejecimiento. La solución a la paradoja (una proteína que previene el cáncer pero acelera el envejecimiento) es simple si la interpretamos como un efecto pleiotrópico y antagónico del gen. En la niñez y la juventud, la proteína p53 actúa como gen supresor tumoral, protege de la aparición de un cáncer y por ello resulta altamente beneficiosa, pues previene la muerte prematura y mejora la eficacia biológica. Sin embargo, después de la madurez (a través de diversos mecanismos como reduciendo el número y la funcionalidad de ciertas células o determinando la senescencia replicativa) se convierte en un potente actor en el proceso de envejecer. La naturaleza habría conservado el gen por sus efectos beneficiosos en la juventud, a pesar de los efectos adversos que comportaría en edades postreproductivas.

Diez años después de la publicación del artículo de Williams, otro biólogo muy influyente, William Hamilton (1936-2000), ofrecía su punto de vista en un extenso trabajo aparecido en el *Journal of Theoretical Biology* (Hamilton, 1966). En líneas generales, se mostraba de acuerdo con las ideas aportadas por sus predecesores y ofrecía modelos matemáticos para reafirmar algunos supuestos que éstos habían apuntado tan sólo de forma teórica, es decir, despliega de manera matemática el concepto de fuerza de la selección natural que sus antecesores sólo habían esbozado. Uno de los aspectos que le interesa remarcar a Hamilton es la relación de dependencia entre las fuerzas de la selección natural y la edad. En la variación en la presión ejercida por la selección de una manera tiempo-dependiente, podemos encontrar las claves no tan sólo de la existencia del envejecimiento sino también de la reducción de la fertilidad.

Con ello reafirma la idea de Medawar sobre el debilitamiento de la selección natural a medida que los individuos envejecen. Además, la teoría del pleiotropismo antagónico también se adapta a sus formulaciones matemáticas, aunque opina que Williams fue excesivamente cauto. Hamilton considera acertada la idea de genes que causan efectos positivos en edades concretas, pero cree que no necesariamente esos efectos se convierten en negativos a otras edades, es suficiente con pensar que su acción acaba siendo nula. A pesar de que el trabajo de Hamilton no ha gozado de la misma popularidad que los de Medawar y Williams, probablemente por tratarse de un artículo en extremo técnico, algunos autores posteriores lo han reivindicado como uno de los textos más esclarecedores en la interpretación evolutiva del envejecimiento (Rose, 2007).

Unos años más tarde, diversos seguidores de Hamilton explotaron el desarrollo matemático de éste para intentar demostrar, mediante cifras, cuál de las dos teorías, la de la acumulación de mutaciones de Medawar o la del pleiotropismo antagónico de Williams, se acerca más a la realidad. Uno de estos científicos es Brian Charlesworth (1945), quien concluye que ambas propuestas pueden ser ciertas.

Siguiendo las teorías oficialistas, hace tres décadas Thomas Kirkwood propuso una nueva versión del modelo de Williams. Su idea se conoce como Teoría del soma perecedero (*disposable soma*, en el original inglés). De la misma manera que en las dos propuestas anteriores hemos seguido el razonamiento de los autores mediante alguno de sus artículos, en este caso analizaremos la hipótesis de Kirkwood a partir de uno de sus trabajos más recientes (aparecido en 2005), en el cual resume toda su visión al respecto recogida en numerosas publicaciones previas aparecidas a lo largo del último cuarto de siglo.

Los postulados de Thomas Kirkwood se fundamentan en tres principios. Primero, cabe diferenciar claramente los dos tipos de células que componen los organismos: las germinales y las somáticas. Mientras que las primeras se encargan de la transmisión genética, las segundas ofrecen tan sólo tareas de soporte, pero carecen de una utilidad intrínseca más allá del organismo que las contiene y del momento en que las germinales han pasado el testimonio genético. En resumen, las células somáticas son de usar y tirar. Segundo, los recursos energéticos son escasos y difíciles de obtener. Por ello, los seres vivos tienen que priorizar en todo momento en qué funciones es necesario invertir la energía y en cuáles se puede ahorrar. Tercero, independientemente del envejecimiento, la manera natural de morir en la naturaleza se debe a causas extrínsecas. Sustentándose en estas tres nociones, la teoría de Kirkwood nos dice que mantener el organismo y sus células en perfecto estado tiene un coste energético excesivamente elevado. Los sistemas reparadores de los inevitables fenómenos naturales que conducen a la senescencia suponen una inversión muy alta, pero son necesarios si se quiere tener unas células en óptimas condiciones. Dado que de todas formas el hecho de disponer de estos mecanismos reparadores no asegura la inmortalidad (recuérdese qué les ocurre a las probetas de Medawar), carece de sentido invertir en el mantenimiento celular más allá del período reproductivo. Así, el organismo deja de derrochar energía en su propio soma. La naturaleza apuesta por la inversión en reproducción y desatiende la higiene personal del propio cuerpo, lo que le conduce inevitablemente a la vejez.

La teoría del soma perecedero ha sido ampliamente aprobada, e incluso abiertamente demostrada en experimentos de laboratorio y en modelos matemáticos, pero muy criticada. Es cierto que presenta puntos débiles, unos puntos que los detractores han aprovechado para desautorizarla.

A modo de ejemplo, detengámonos un momento a analizar el verdadero significado de la distinción entre causas intrínsecas y causas extrínsecas de muerte, argumento que se erige como fundamental en el postulado de Kirkwood. Recordemos que a partir de los trabajos de sir Peter Medawar, se sistematiza la clasificación de las causas de muerte apuntada por otros investigadores anteriores. Desde entonces, se acepta que la mortalidad intrínseca es aquélla ocasionada por un fallo en los procesos biológicos que tienen como origen el propio individuo; mientras que la mortalidad extrínseca es la causada por fuerzas externas, fundamentalmente, infecciones y accidentes. La sencilla división para catalogar el sinfín de posibles motivos de muerte de los organismos ha aportado numerosas ventajas, su simplicidad ha permitido avanzar en modelos matemáticos y en estudios epidemiológicos. Pero ha comportado también cierta confusión, sobre todo en el momento de interpretar correctamente el significado de la clasificación.

El primer error es aceptar que el principal criterio para distinguir la causa extrínseca de la intrínseca es su independencia de la variable «edad». Esta confusión ha sido reparada por numerosos autores, pero aún se mantiene en muchos trabajos.

En España, al llegar el otoño se inicia la campaña para la vacunación contra el virus de la gripe. Se aconseja la vacunación sistemática de las personas que padezcan enfermedades debilitantes, de los colectivos con un riesgo profesional especial (personal sanitario y profesorado) y de todas las personas mayores de sesenta y cinco años. El motivo de la elección de los tres grupos es fácilmente comprensible. En el segundo caso (sanitarios y profesores) por su riesgo personal al contacto, pero también como fuente de propagación. En el caso de personas con enfermedades importantes y en los mayores porque se ha demostrado que en estos grupos la infección por el virus de la gripe tiene un mayor riesgo de mortalidad, un riesgo casi despreciable fuera de esas circunstancias. La muerte por infección gripal, como cualquier otra infección, debe catalogarse dentro del grupo de causas extrínsecas. No obstante, los ancianos tienen mayor riesgo a ella debido, precisamente, a su mayor estado de desarrollo de las causas intrínsecas. De la misma manera, el antílope viejo tiene mayor riesgo de ser devorado por el león que uno más joven. Su edad le hace menos veloz y más vulnerable. Así, vemos que aun siendo cierto que la muerte extrínseca es aquélla debida a circunstancias externas (infección, accidente), no es menos cierto que la edad modifica la vulnerabilidad hacia ellas. Por tanto, invertir o no en el mantenimiento del soma (y con ello reducir el riesgo de las causas intrínsecas) también nos altera el riesgo de morir por las causas extrínsecas, con lo cual, se establecen dos variables como independientes cuando en realidad no lo son.

No hay que caer tampoco en el error de pensar que la relación entre ambos tipos de causas sigue un criterio estrictamente lineal en función del tiempo. No es cierto que las formas más viejas sean más propensas a todo tipo de causas extrínsecas. Muy recientemente la nueva epidemia causada por el virus de la gripe A confirma este supuesto. Los datos disponibles en el momento de finalizar esta obra indican que la población joven constituye uno de los grupos de riesgo más importantes. En un trabajo crítico, Bowles (2000) analiza el significado real de las causas extrínsecas. Establece que pueden clasificarse en cinco grupos: hambre, sequía, accidentes/desastres naturales, enfermedades adquiridas/parásitos y predación. Después de estudiarlas detenidamente, concluye que en al menos las tres o cuatro primeras los individuos más jóvenes resultan más susceptibles a ellas, mientras que las restantes afectan sobre todo a los individuos maduros. Así pues, la idea de que los organismos de mayor edad presentan de forma sistemática un riesgo mayor a desaparecer, evitando con ello el envejecimiento, tampoco resulta cierta.

De la misma manera que las causas extrínsecas no son patrimonio exclusivo de ninguna edad, la mortalidad intrínseca tampoco es sinónima de muerte por envejecimiento. Ciertamente, las dolencias asociadas a la senescencia y que acarrean la muerte derivan de fallos en los procesos biológicos internos, cumpliendo así la definición de muerte intrínseca, pero pueden existir otros fallos internos que no tengan nada que ver con la vejez. En un interesantísimo trabajo efectuado por Carnes y colaboradores (2006) se analizaba una serie de datos derivados de la utilidad de dividir las causas de muerte en intrínsecas y extrínsecas. De entre los numerosos datos relevantes que se extraen del texto, se apunta que, basándose en estadísticas humanas, se observa que con la edad, las causas intrínsecas van aumentando y las extrínsecas van disminuyendo, conforme con lo que sería previsible en la hipótesis de Kirkwood, hasta que las primeras superan a las segundas a partir de los 40-50 años de edad. No obstante, en sujetos de 15 años los motivos intrínsecos también suponen un nada despreciable porcentaje del 20 al 30 % del total de muertes. Resulta obvio que a los 15 años, esas muertes no serían atribuidas al estado de vejez de los individuos.

Así, aun sin quitar valor a la distinción dicotomizada de las causas de muerte, Kirkwood utiliza sesgadamente las definiciones para llegar a la conclusión de que, en estado natural, tan sólo existe la mortalidad extrínseca. Ello le facilita dos corolarios posteriores. Por un lado, como la muerte natural es extrínseca y ésta es ajena al organismo, no se puede luchar contra ella y, por consiguiente, no merece la pena invertir en mejorar o mantener la integridad somática. En segundo lugar, la no existencia de causas intrínsecas nos conduce a la no existencia del envejecimiento en estado natural, dada la equivalencia que se hace de los dos conceptos (véase capítulo 2, «Prejuicios y confusiones»). Así, para la teoría del cuerpo de usar y tirar, el modelo de animales en estado salvaje se asemeja al ejemplo de las probetas de Medawar: no envejecen, sólo se rompen, y contra ello no hay absolutamente nada que hacer.

Para finalizar con este tema resulta interesante remarcar un estudio realizado por Reznick y colaboradores (Reznick, 2004), en el cual no observan ninguna relación entre mortalidad extrínseca y envejecimiento (como se desprende de la teoría de Kirkwood) en una especie de peces de acuario. A la vista de hallazgos como éste, Bronikowski y Promislow sugieren que nuestra comprensión de la evolución del envejecimiento se beneficiará de modelos basados en parámetros distintos de los clásicos edad de muerte o causas de muerte (Bronikowski, 2005).

Pero probablemente el aspecto más discutido de la teoría del soma perecedero es la consecuencia más directa, y llamativa, que deriva de ella y que es la siguiente. Si, ciertamente, lo que se invierte en reproducción no puede invertirse en los sistemas reparadores, o antienvejecimiento, se deduce que los individuos que se reproducen más (dedican más esfuerzos en fertilidad) viven menos (dedican menos esfuerzos en mantenimiento). Nuestra especie no debería ser ajena al cumplimiento universal de la ley y de ello se desprende que los humanos (no sabemos si los de ambos sexos o sólo las mujeres) que tienen más hijos mueren antes y viceversa. La premisa resulta apetitosamente periodística, ya que escapa de los ensayos experimentales con animales de laboratorio, así que, una vez lanzada al aire, desencadenó una carrera entre diversos grupos científicos para encontrar la manera de demostrarla o, en su caso, desmentirla.

El trabajo que despertó mayor interés fue publicado en 1998 en la prestigiosa revista *Nature* por Westendorp y el propio Kirkwood. Los autores analizaban una base de datos de las mujeres de la aristocracia británica que se iniciaba con registros del siglo VIII y llegaba hasta finales del siglo XIX. Después del procesamiento estadístico de los datos, concluyeron que las mujeres (y también los hombres) que vivían más años eran las que habían tenido un menor número de hijos (Westendorp, 1998).

Tras su publicación en *Nature,* numerosos expertos estudiaron los resultados del trabajo británico. Las críticas fueron numerosas, pero se cuestionó fundamentalmente el valor científico de los registros utilizados.

Uno de los autores más críticos con las conclusiones del trabajo fue Gavrilov y su equipo (Gavrilov, 2004), quien tras discutir sistemáticamente todos los posibles sesgos del artículo de Westendorp aportó un estudio propio que no confirmaba el compromiso entre fecundidad y mantenimiento.

Posteriormente y de forma periódica han ido apareciendo diversos estudios que analizan todo tipo de registros demográficos con la finalidad de verificar bien los resultados de Westendorp, bien los de Gavrilov. Cabe destacar que las bases de datos más adecuadas para estos investigaciones son las más antiguas, básicamente por dos motivo: porque nos aseguramos de que los individuos que forman parte de los registros han fallecido (requisito obligatorio si queremos valorar la longevidad), y porque en épocas pasadas no existía (o al menos no en una proporción como la actual) el sesgo del control de natalidad practicado en la mayoría de las sociedades modernas, es decir, el uso de métodos anticonceptivos. No obstante, justo por tratarse de registros muy antiguos (anteriores al siglo XX en la mayoría de los casos), la baja fiabilidad de sus datos se convierte en su principal inconveniente. Aun así, los resultados de los distintos trabajos son muy dispares y, como rasgo mayoritario, resultan inconsistentes con los postulados de la hipótesis del soma perecedero. Por otro lado, pocos estudios han analizado el tema de manera experimental. En 2002, Robert Arking y colaboradores quisieron observar la relación entre fecundidad y longevidad en moscas de laboratorio. Entre otros hallazgos, los investigadores descubrieron que la reducción en la fertilidad de las moscas más longevas era transitoria y que afectaba tan sólo a las primeras generaciones. Los descendientes posteriores, en contra de la tesis de Kirkwood, recuperaban una elevada tasa de fertilidad a pesar de mantener una mayor expectativa de vida. La conclusión podría ser que la disminución en la fertilidad asociada a la mayor longevidad es tan sólo un fenómeno transitorio limitado quizá al período de tiempo que se requiere para la reorganización metabólica, pero, en ningún caso, fertilidad y longevidad quedan permanentemente relacionadas de un modo inverso.

Volviendo a las poblaciones humanas y en vistas a esclarecer de una manera definitiva este asunto, Le Bourg (2007) realizó una recopilación de los estudios más exhaustivos aparecidos en los últimos años y los analizó siguiendo criterios científicos actualizados. Cuando los datos ofrecían alguna contradicción se ponía en contacto con los autores de la publicación para obtener una mayor información. De la investigación metódica se desprende una enorme variación en las conclusiones. Así, mientras que en algunos pocos se confirma, con criterios estadísticos, la idea de Westendorp, en otros no existe relación entre fertilidad y longevidad, y aun en otros la relación es directa, es decir, a mayor número de hijos mayor longevidad. A tenor de lo observado, el autor de la revisión concluye taxativamente que los datos no muestran de manera convincente que exista un compromiso entre fertilidad y longevidad y que, por tanto, «no puede aceptarse la conclusión de que, en los seres humanos, la longevidad requiera una inversión en el mantenimiento que reduzca los recursos disponibles para la reproducción» (Le Bourg, 2007). Así, la hipótesis del soma perecedero propuesta por Kirkwood, aunque sea la más reciente y la más ampliamente aceptada, no se haya exenta de crítica y no cuenta, en la actualidad, con el soporte incondicional de la mayoría del estamento científico.

El hecho de que las teorías oficiales apuesten por un modelo teórico de senescencia no programada no deja satisfechos a un gran número de expertos, quienes creen que los hallazgos recientes en el ámbito de la biología molecular contradicen la idea de estar ante un fenómeno explicado tan sólo a través de caóticos efectos secundarios o de inevitables y estocásticos errores. Para muchos expertos, las teorías evolutivas han quedado estancadas y no han sido correctamente actualizadas considerando los nuevos y espectaculares avances experimentados, sobre todo, en el campo de la fisiología celular. No obstante, a pesar de que durante todo el siglo XX las hipótesis evolucionistas compartían la idea de que el envejecimiento no es un proceso diseñado por la selección natural, el primer autor que se interesó por una interpretación evolutiva del fenómeno había apuntado en una dirección muy distinta.

August Weismann (1834-1914) fue un contemporáneo y fiel seguidor de las proposiciones de Darwin. Su experimento más conocido se basaba en cortar de manera sistemática la cola a ratones de laboratorio, generación tras generación. Al cabo de un tiempo comprobó que la descendencia de esos ratones no mostraba ninguna diferencia en la longitud de sus colas en relación con sus antepasados. Con ello quiso demostrar el error de la Teoría de la herencia de los caracteres adquiridos, una propuesta que, por aquel entonces, rivalizaba con la teoría darviniana. En el campo que nos ocupa, el científico alemán creía que la senescencia formaba parte de los fenómenos dirigidos por la selección natural. Según él, existirían mecanismos específicos para eliminar aquellos seres menos productivos. Para esclarecer sus ideas utilizaba el símil de los ingenios mecánicos fabricados por el ser humano para justificar su desaparición una vez que se vuelven inútiles, poco rentables o improductivos. Su hipótesis defendía que los individuos, a medida que tienen más edad, se vuelven más «inservibles» y entorpecen el buen funcionamiento del resto de la colectividad. Mediante el envejecimiento se llevaba a cabo su eliminación natural.

La hipótesis de una senescencia planeada introducida por Weismann ha recibido periódicamente nuevos impulsos en los últimos años. Así por ejemplo, Vladimir Skulachev (2002) ha descrito la Ley biológica del samurái. A grandes rasgos, el autor ruso concluye que a los seres vivos les resulta más favorable morir que funcionar mal. Si están muertos no molestan, en cambio si continúan vivos, pero defectuosos, pueden entorpecer la supervivencia del resto de sus congéneres. Este principio lo aplica a todos los niveles de la vida y dice que hay un programa de eliminación para cada uno de ellos, uno para deshacerse de las mitocondrias defectuosas (mitoptosis), otro para hacer desaparecer las células dañadas, fenómeno conocido como apoptosis, y finalmente otro que atañe al organismo completo que denomina fenoptosis. De esta manera, envejecer y morir formarían parte de un mecanismo de muerte programada y la senescencia no sería sino una mitoptosis o una apoptosis aplicada al conjunto del ser vivo y no a cada una de sus células individuales.

El talón de Aquiles de las proposiciones de Weissman o Skulachev es que intentan justificar la existencia de un hecho a partir de la propia existencia de ese hecho. Una tautología que les conduce a afirmar que el envejecimiento se justifica porque elimina los organismos que se deterioran a lo largo de la vida. Pero el deterioro aparece justamente por la presencia del envejecimiento. Si los organismos, como las probetas de Medawar, no envejecieran, entonces no se deteriorarían con el paso del tiempo. En cualquier caso, acaban mostrando que la senescencia justifica la existencia de la muerte y la inutilidad de la inmortalidad.

Quizá, la teoría más ampliamente difundida de entre las que preconizan que el envejecimiento es una adaptación necesaria se basa en el hecho de que, sin él, se verían afectados el recambio y la renovación de la población. La selección natural depende de la variación genética y ésta tan sólo puede ocurrir si cada generación es reemplazada por otra que ofrezca una nueva combinación de genes entre los que elegir. De esta manera, la inmortalidad, lejos de lo que cabría esperar, reduce la variación, fija el genoma, potencia la uniformidad y anula las posibilidades de elección de la selección natural, es decir, conduce la especie inmortal directamente a la extinción. Es necesario un proceso que se encargue de ir renovando el mercado de la oferta genética y ese proceso no es otro que el envejecimiento y la posterior desaparición de los individuos. Ni qué decir tiene que la propuesta, una vez más, certifica la necesidad de la mortalidad, pero en ningún caso que la vía para alcanzarla sea el complejo fenómeno de la senescencia y no, por ejemplo, la drástica medida empleada por la mantis religiosa.

Las teorías evolutivas postulan supuestos que no pueden ser en absoluto comprobables al cien por cien, porque se fundamentan en modelos analíticos, principios y programas matemáticos, pero que se refieren a procesos que han requerido millones de años para dar como resultado aquello que hoy día podemos ver, palpar y examinar. Por otro lado, las diferentes propuestas, algunas formuladas hace más de un siglo, deben actualizarse y, en último término, tendríamos que hacerlas compatibles con las teorías más mecanicistas y biologistas para poder, algún día, formular una gran teoría única. Y muchos expertos creen que estamos entrando en el momento decisivo de la investigación biológica. Cada vez son menos necesarias las formulaciones hipotéticas y los razonamientos de cómo debería funcionar la selección natural, como hacía el propio Darwin y sus primeros seguidores. Actualmente, ya no se analizan los fenotipos, aquello que vemos y que traduce lo que no vemos, como hacía el fraile Gregor Mendel con legumbres de colores hace ciento cincuenta años, ni presuponemos, a tientas, la existencia de unos genes invisibles como si se tratara de un acto de fe, como argumentó Thomas Hunt Morgan, el primero que los intuyó observando la mosca *Drosophila*. Ahora, la cosa va en serio. Tan sólo hemos empezado a familiarizarnos con las herramientas que diseccionan la esencia última de los seres vivos, pero estamos entrando, a pasos agigantados, en la última de las muñecas rusas que nos aportará los secretos más íntimos y mejor guardados de la vida y de la muerte. La intimidad del genoma ha dejado de estudiarse de oídas para observarse con todo su esplendor, así nos hemos hecho una idea de su inmenso poder. Los genes, y en general el preciado ADN, son la sustancia final, los portadores de la antorcha que alumbra la esencia vital en todos los organismos del planeta. Son la materia primera, el plano que esquematiza la construcción, pero a su vez el libro de instrucciones que nos da cuentas del funcionamiento, para comprender de qué están hechos los artículos del muestrario fenotípico que los organismos muestran a la naturaleza para que ésta, a través de la selección natural, busque, juzgue y escoja.

Y el envejecimiento forma parte de ese muestrario en la gran mayoría de los seres vivos actuales y la naturaleza, que analiza segundo a segundo su idoneidad, lo ha mantenido en el catálogo desde quién sabe cuándo. Ese treinta por ciento de genética y ese setenta por ciento de entorno han conseguido elaborar un producto final de entre los mejor valorados, a tenor de su extensión, por la madre naturaleza. Empezamos a tener nociones básicas sobre las características de la porción genética, intuimos la aportación ambiental y disponemos de un amplio abanico de posibilidades teóricas del porqué la selección natural ha aceptado el proceso hasta tal grado de universalización. El gran reto ahora es descubrir qué combinación es la ganadora, cuál de ellas responde mejor a la intimidad de la senescencia. ¿Tenía razón Weismann cuando, hace más de cien años, decía que la vejez era un diseño altamente beneficioso? ¿El reloj de Hayflick está en consonancia con los teóricos genes pleiotrópicos de Williams? ¿Son los radicales libres los que hacen añicos las probetas inmortales de Medawar? ¿Es, ciertamente, la teoría del soma perecedero de Kirkwood la más consistente con la senescencia? ¿El gen matusalén es la mano que lanza la primera bola de nieve de lo que algunos han definido como la espiral viciosa del envejecimiento?

Tenemos un problema al correlacionar hallazgos experimentales con teorías evolutivas. Contamos con un buen número de propuestas, tanto de los primeros como de las segundas. En el campo de la biología evolutiva las alternativas parecen más sencillas. Salvo pequeñas divergencias, podemos clasificarlas en las que proponen un efecto de la senescencia intrínsecamente ventajoso y en las que pregonan que se trata de un efecto colateral, modulado en mayor o menor medida, pero en ningún caso beneficioso. En cuanto a las teorías biológicas las propuestas son mucho más elevadas, recordemos que Medvedev contó más de trescientas. No obstante, hemos visto también que las podríamos reunir en unos pocos grupos. El análisis de todo ello ha llevado al profesor Kirkwood a formular una gran teoría globalizadora sobre el envejecimiento que ha sido útil para crear modelos matemáticos y simulaciones por ordenador, de desarrollo sencillo pero de gran utilidad. La propuesta se conoce como Teoría de la red del envejecimiento *(network theory,* 1997). Y en ese campo es donde se trabaja para definir qué aspectos resultan capitales y cuáles aportan poca información.

El balance entre las inversiones en reproducción y en mantenimiento permite sobrevivir el tiempo adecuado para pasar el testimonio genético y después, si no sobreviene la muerte accidental, aparecerá un proceso lento, gradual e inexorable que conducirá a la desaparición del organismo. En este proceso intervienen diferentes factores: los radicales libres, los AGE, las mutaciones somáticas o el acortamiento de los telómeros. Todos actúan al unísono y su sumatorio determina un patrón característico de senescencia. Así, a pesar de que los elementos intoxicantes celulares sean múltiples, que muchos de sus efectos sean (o parezcan) estocásticos y que para cada uno de ellos existan unos mecanismos defensivos adecuados, el resultado final es un fenómeno altamente constante, repetible y a la vez singular para cada especie, lo que denominábamos un desequilibrio sutil a favor del bando de los atacantes. A partir de estas observaciones, Kirkwood y su equipo proponen que los elementos nocivos y los elementos defensivos no repercuten de manera independiente sino que, todos juntos, tejen una especie de red de procesos interconectados. La aportación individual de cada uno de esos elementos, o lo que sería lo mismo, la aportación de cada teoría particular, al conjunto total es lo que queda por dilucidar. En otras palabras, ¿quién determina la sutileza del desequilibrio?

Finalmente, con la teoría de la red, llegamos a una gran propuesta sobre el envejecimiento, resultado del consenso de todas las pequeñas contribuciones que durante centenares de años habían configurado una miríada de hipótesis independientes. Esta teoría recoge en sus estatutos los artículos y capítulos que, sobre todo a lo largo del siglo XX, reconocidos, pero también anónimos, investigadores han ido argumentando. Se trata de una teoría general, una especie de carta magna que es necesario interpretar y desarrollar. Su enunciado contiene dos ideas clave para entender, aunque sea mínimamente, el proceso completo de la senescencia. Por un lado, que es el resultado de la interacción de un gran número de variados y complejos fenómenos estocásticos. Por otro, que la naturaleza ha reorientado esos fenómenos para que el resultado final sea un proceso muy sincronizado y es probable que evolutivamente ventajoso. Todo ello no deja de ser un claro ejemplo de lo que otro premio Nobel de fisiología y medicina, el médico y biólogo francés Jacques Monod, denominaba «el azar y la necesidad». La segunda parte de esta obra pretende arrojar un poco de luz a esa combinación entre necesidad y azar. La hipótesis del abuelo económico es otra visión del problema que continúa, hoy por hoy, sin una solución unánimemente aceptada, pero que intenta hacer encajar la piezas del gigantesco puzle, de tal forma que el desequilibrio sutil pueda ser visto como el medio a través del cual la selección natural hace frente a un problema para el cual el envejecimiento es su única y desesperada solución final.

# CAPÍTULO 7

# El abuelo económico

*«Hay tres hechos inexorables en la vida de la sociedad occidental: nacer, morir y pagar impuestos. Para los organismos de la naturaleza la trinidad de la vida es nacer, reproducirse y morir.»*

DAVID REZNICK Y CAMERON GHALAMBOR, 1999


Las teorías de Medawar y Williams han cumplido más de medio siglo y la propuesta de Kirkwood llega a los treinta años. Como advierten Promislow y Plecther (2002), han sido muchos los avances realizados desde entonces, no sólo en el campo de la biología evolutiva sino también en otras áreas afines. Pero a pesar de ello, las teorías del envejecimiento han permanecido estancadas. Por su parte, Bredensen (2004) advierte que algunos hallazgos recientes no pueden ser explicados por las teorías clásicas. Mientras que los postulados más sólidos apuestan por una senescencia no programada, los nuevos datos sugieren que el envejecimiento es un proceso biológico finamente regulado. Asimismo, Bowles (2000), en un artículo publicado en *Medical Hypotheses,* arremete contra lo que denomina «el perdurable legado caótico de Medawar». En una detallada crítica, el autor mantiene que la simplicidad de los argumentos poco fundamentados de sir Peter Medawar ha resultado nociva para los investigadores que dependen de buenas teorías para diseñar los experimentos más adecuados. Y concluye que ha llegado el momento de actualizar las viejas creencias. Finalmente, Johnston y colaboradores (2006) se reafirman en la necesidad de repensar de forma conceptual los procesos evolutivos que involucran el envejecimiento.

Observar la naturaleza, fijarse detenidamente en lo que uno ve y hacerse la pregunta oportuna sobre por qué sucede de esa manera para luego intentar encontrar la respuesta más adecuada. Éste es el mecanismo básico, la regla de oro de la que se sirve el pensamiento científico. Un juego de preguntas y respuestas. La prolongación de esa fascinante etapa infantil de descubrimiento a lo largo de toda la vida. Un cuestionamiento perpetuo disponiendo para ello de las respuestas que otros han dado antes que nosotros.

En el tema que nos ocupa, «¿Por qué envejecemos?» es la cuestión formal, la pregunta primordial que los investigadores de todo el mundo, desde hace más de cien años, han intentado responder. *Why do we age?* retorna más de trescientas cincuenta mil entradas en el buscador de internet Google. No obstante, en los últimos años se han empezado a levantar voces que cuestionan la idoneidad de la pregunta. Para Leonard Hayflick resultaría mucho más apropiada la cuestión: «¿Por qué vivimos el tiempo que vivimos?» (Hayflick, 2000). En efecto, si analizamos con detenimiento la pregunta clásica descubriremos que nos encontramos ante el riesgo de caer en otro prejuicio, en un sesgo más de nuestra inconsciente aversión hacia la vejez. Aunque a simple vista la pregunta «¿Por qué envejecemos?» parece un planteamiento neutral, las palabras parecen resonar en nuestras sesgadas mentes de una manera más próxima a: «¿Por qué tenemos que envejecer?», en el mismo tono de decepción con el que nos lamentaríamos en una situación cotidiana como: «y ahora, ¿por qué se me ha pinchado la rueda del coche?». Cabe reparar en que nunca nos preguntamos por qué nacemos, o por qué crecemos. Contrariamente, la propuesta de Hayflick esconde un sentido más positivo, un mensaje subliminal que parece decirnos que nuestra longevidad (sin mencionar el término envejecimiento), a la vista de la objetiva labor de la selección natural, podría ser incluso excesiva. Como si la evolución nos hubiera premiado con un extra de vida. De entenderlo así, nos damos rápida cuenta de que este extra coincide, al menos temporalmente, con el envejecimiento.

La hipótesis aquí propuesta surge de esta visión en positivo, de escoger la primordial pregunta de Hayflick y de descartar la apriorística premisa que todo cuanto rodea el envejecimiento es negativo por definición. La senescencia es un fenómeno más de los que nos ofrece la naturaleza, una estrategia vital como cualquier otra, como el tamaño de la camada o el canibalismo sexual. A partir de esta observación podemos plantear nuestra particular cuestión, una pregunta que formularíamos en los términos siguientes: ¿podría el envejecimiento ser el motivo por el cual la naturaleza nos premia con una mayor longevidad?, o visto de otra manera más simple: ¿es bueno envejecer?

Por motivos que iremos desgranando a lo largo de las próximas páginas, la hipótesis ha sido denominada «el abuelo económico» *(thrifty aged),* entendiendo el término abuelo no como aquel individuo que tiene nietos sino como el que ha alcanzado un determinado número de años y ha superado su edad reproductiva, una fase de la vida para la cual George M. Martin (1997), de la Universidad de Washington, propuso el neologismo inglés *saging*.

Antes de avanzar en el razonamiento de la hipótesis debemos detenernos un momento en una idea a la que nos hemos referido en alguna ocasión y que, a partir de ahora, gozará de un gran protagonismo. Se trata de un concepto básico en biología evolutiva que en la literatura anglosajona se conoce con la terminología de *Darwinian Fitness*, o *fitness* a secas. El vocablo se ha popularizado hasta el extremo de ser habitual en nuestras vidas; no obstante, el término *fitness,* cuando nos referimos a biología evolutiva, no tiene nada que ver con los gimnasios y la buena forma física. En español se suele traducir como «eficacia biológica», y podríamos decir que es el carácter sobre el que actúa la selección natural, o sea, el factor objetivo sobre el cual se establece si determinado elemento biológico es ventajoso y, por tanto, seleccionado. Se acostumbra a medir como la contribución de un individuo a la siguiente generación, lo cual no contempla sólo el número de descendientes que tenga, sino que abarca un conjunto más amplio de factores como la calidad de la descendencia, la viabilidad de esa descendencia, etc. Por ello, afecta tanto al propio individuo (a su capacidad de sobrevivir hasta transmitir sus genes) como a sus vástagos (mejor dotados para, a su vez, alcanzar la edad reproductiva). Es un concepto complejo, pero en resumen, la eficacia biológica mide la eficiencia que tiene un individuo para perpetuar su legado genético.

Nuestro punto de partida es el mismo que utilizaba Kirkwood para encabezar su propuesta, y se trata de algo tan difícil de definir como fácil de entender: el concepto de energía. No es preciso profundizar en ello, ni tan siquiera definirla, sólo debemos tener presente que absolutamente todos los organismos necesitan energía para mantener su estatus de ser vivo. La energía es imprescindible en todos los procesos biológicos y sin ella la vida simplemente no existiría. Quizá resulte más sorprendente el hecho de saber que cualquier forma de vida precisa de unos requerimientos energéticos difíciles de imaginar. Por ejemplo, se ha calculado que el metabolismo diario por unidad de masa de un niño humano es 1.500 veces mayor que la potencia por unidad de masa generada por el sol. La cifra puede parecer apabullante, pero no tiene nada de espectacular si la comparamos con la energía por unidad de masa manejada por una insignificante bacteria, alrededor de 500 millones de veces superior a la producida por nuestra estrella (Smil, 2001).

Pero a pesar de la dependencia absoluta y de la elevada demanda, los seres vivos somos del todo incapaces de fabricar energía. Ello se recoge en la primera ley de la termodinámica o ley de la conservación, según la cual la energía ni se crea ni se destruye, tan sólo se transforma. Esto último es lo que hacen la mayoría de los organismos del reino animal, obtener la preciada energía a partir de la transformación de sustancias que incorporan del medio externo. Dichas sustancias las denominamos nutrientes o alimentos. Sólo tras consecutivos y complejos procesos biológicos los azúcares, las grasas y las proteínas acaban convirtiéndose en moléculas energéticas, las monedas de cambio que nuestras células utilizan en todas sus actividades. Así pues, los nutrientes que se encuentran en nuestro entorno son absolutamente indispensables para la vida.

La obtención de recursos alimentarios no es fácil ni gratuita, no lo es hoy en día y tampoco lo ha sido a lo largo de la evolución. Extraer los nutrientes del medio, incorporarlos y manipularlos hasta convertirlos en moléculas energéticamente útiles tiene un elevado coste en su sentido más amplio y desde diversos puntos de vista. Además, las fuentes energéticas son finitas y limitadas y están supeditadas a amplias oscilaciones a lo largo del tiempo, con épocas de mayor abundancia y períodos de escasez acuciante. De modo que, las numerosas dificultades asociadas a la obtención de alimentos obligan a un elevado grado de optimización en su utilización. Por ello, se convierte en uno de los aspectos más intensamente sometidos al poder de la selección natural, en el sentido que cualquier modificación que mejore el aprovechamiento o el rendimiento de la energía se incorporará al acervo genético. De manera contraria, aquel individuo que derroche los recursos alimentarios estará destinado al fracaso evolutivo.

La importancia en el aprovechamiento y la optimización de la energía es tan relevante que para muchos autores se ha convertido en uno de los elementos centrales de la teoría evolutiva y de lo que conocemos como la evolución de las estrategias vitales. Ello significa que la disponibilidad energética, el uso que se hace de esa energía y la forma en cómo se invierte aparecen como los aspectos que han moldeado los organismos a lo largo de la historia de la vida.

Las historias o estrategias vitales son el conjunto de características que inciden en la supervivencia y el éxito reproductor de los organismos, por lo que han sido seleccionadas para maximizar la eficacia biológica. Uno de los objetivos de la biología de la evolución es encontrar las razones por las cuales unas especies han optado por determinados rasgos o estrategias vitales y otras especies se han decantado por otros. En la práctica, ello significa analizar por qué existen diferencias en el número de crías, la velocidad de crecimiento, el tamaño de los individuos o la longevidad.

Uno de los enfoques más utilizados para el estudio de las estrategias vitales es el marco de lo que se llama la teoría de los *trade-off*. El vocablo inglés no cuenta con una traducción literal en español, pero se han propuesto diversas acepciones: «intercambio», «balance», «concesión mutua», «compensación» o «trueque de ventajas». El concepto se utiliza asimismo en campos tan dispares como la economía e incluso el pensamiento filosófico. En biología, *trade-off* se ha traducido también por «compromiso», que es el término que utilizaremos a partir de ahora, y significa que un organismo no puede mejorar sus prestaciones de manera indefinida, pues está sometido a la restricción energética, a la limitación de los recursos. La mejora en la eficacia biológica debida a la adquisición de un rasgo determinado se encuentra con la oposición de la reducción de la eficacia biológica debido a un cambio obligado en un rasgo diferente. La inversión en la nueva adquisición deberá obtenerse de algún otro sitio, ya que la energía que dedicamos a A no podemos dedicarla a B. Nos compramos el coche o nos vamos de vacaciones, si poseemos alas para volar difícilmente podremos nadar como un delfín. Lo cierto es que no podemos tenerlo todo. Los recursos son finitos, así que hay que repartirlos de la manera más adecuada. Los compromisos o *trade-off* son el resultado de la distribución adaptativa de esos limitados recursos energéticos. O una cosa o la otra, o un poco de cada una, de ahí también la traducción por «balance» o «compensación». La selección natural sería la encargada de optimizar esas inversiones para cada organismo y en cada momento. En otras palabras, gestionaría los presupuestos generales y marcaría las partidas en las cuales cabe invertir más y aquellas en las que, dadas las circunstancias, se puede ahorrar. De manera esquemática, para los propósitos obligatoriamente simplificados de los modelos matemáticos, la teoría de las estrategias vitales estudia los mecanismos utilizados para optimizar la inversión energética en tres grandes procesos: la *fertilidad* (cuyo máximo objetivo es la eficacia biológica), el *crecimiento* (que incluye todas las etapas fisiológicas de maduración y desarrollo) y el *mantenimiento* (que contempla todos los sistemas de reparación, protección y cuidado de las células, los tejidos, los órganos y los sistemas que componen un ser vivo).

La Teoría de los compromisos permitió a Kirkwood postular la hipótesis del soma perecedero. Recordemos que el autor británico apuntaba que la constricción energética obliga a los organismos a decidir entre qué procesos invierte energía y en cuáles es necesario ahorrar. De hecho, el compromiso más característico y estudiado es el que se establece entre fecundidad y supervivencia. Así, la inversión en gasto reproductivo (fertilidad) conlleva mayores ventajas que la efectuada en el cuidado (mantenimiento) de las células somáticas. En el capítulo anterior hemos citado un estudio en el cual los investigadores Bochdanovits y De Jong encontraron 34 genes cuya expresión respondía a los criterios del modelo de Williams del pleiotropismo antagónico en relación con el compromiso entre la supervivencia de la larva y el tamaño adulto de la mosca *Drosophila melanogaster*. Ello significaba que, por ejemplo, la elevada expresión de un gen que mejora la defensa de la larva (por tanto, su supervivencia) acarreaba el coste de reducir el peso en el individuo adulto. Los autores encontraron también que la expresión conjunta de los 34 genes explicaba el 86 % del compromiso analizado. Además, en 14 de los genes en los cuales se conocía su función, el compromiso era el resultado de una variación en la distribución de los recursos globales del organismo (Bochdanovits, 2004).

La hipótesis aquí presentada parte de la misma premisa, la imperiosa necesidad de optimizar el aprovechamiento de los recursos energéticos, aunque, como veremos, hace un mayor hincapié en uno de los parámetros menos atendido en los modelos previos. Cabe mencionar que la optimización ha constituido la base de la teoría de las estrategias vitales durante mucho tiempo. Aunque algunos autores se muestran críticos por su elevada simplicidad (Stearns, 2000) al no tener en cuenta otros parámetros, los mecanismos de optimización continúan siendo válidos para explicar una gran parte de las estrategias observadas en los seres vivos.

Las necesidades energéticas son diferentes en las diversas especies, pero aun tratándose de un mismo individuo varían en función de la edad. Como norma general, existe una mayor demanda mientras los organismos se encuentran en fase de desarrollo, maduración o crecimiento, y se reduce una vez alcanzada la madurez física. También la presión de la selección natural difiere en relación con la edad. El éxito reproductivo requiere obligatoriamente que las formas inmaduras alcancen su época de reproducción, y así transmitir su legado génico a la generación siguiente. Por ello, la selección natural no tolera ninguna veleidad en la restricción energética en las primeras fases de la vida, bajo amenaza de extinción. Pero una vez el individuo ha contribuido con su obligación reproductiva, la selección natural reduce la presión en el período que sir Peter Medawar denominaba de sombra evolutiva. En nuestro razonamiento, eso significa que la presión por la obtención de recursos alimentarios se reduce en función de la edad.

Contamos con los dos primeros elementos de la propuesta: el elevado valor evolutivo de la energía y la relajación de la selección natural a medida que los individuos alcanzan su deber reproductivo. Analicemos ahora qué sucede con las fuentes energéticas una vez coexisten dos generaciones de organismos (los padres y sus descendientes) y sirvámonos de un supuesto imaginario para estudiar la nueva situación.

Imaginemos que en un determinado lugar habita una pareja, nos da igual la especie, que responde a los nombres de Adán y Eva. Supongamos que su entorno ecológico es rico en coles salvajes y, por tanto, su aparato de transformación energética se ha adaptado a dicha fuente. Finalmente, aceptemos que sus necesidades energéticas óptimas se reducen a diez coles diarias, aunque su plasticidad metabólica les permite subsistir con un mínimo de cinco. La situación se mantiene estable hasta que llega el momento en el cual Adán y Eva procrean, entonces aparecen nuevos individuos en el escenario, llamémosles Caín y Abel. Donde había dos bocas ahora hay cuatro y los recursos alimentarios, léase número de coles salvajes, no aumentan a capricho de la demanda, ya que son limitados y de obtención costosa. La selección natural tiene la prioridad de alimentar la nueva generación y para ello dispone de diferentes posibilidades para afrontar la situación de inestabilidad energética.

Determinados tipos de salmones, en concreto los salmones del pacífico, sólo desovan una vez y después mueren tras depositar y fecundar los huevos. La estrategia de reproducirse una sola vez se denomina semelparidad y suele asociarse a las especies en las cuales los costes energéticos previos a la reproducción son muy elevados (en el salmón del pacífico se debe a la dificultad de migración hasta los sitios de reproducción).

Aplicar la semelparidad a nuestros protagonistas significa la muerte de Adán y Eva y su sustitución por la generación siguiente, Caín y Abel.

No hay duda de que la reproducción masiva y la ulterior desaparición de los progenitores es la mejor de las estrategias posibles en cuanto a la optimización en el uso de los recursos energéticos. Mediante esta conducta la energía disponible está siempre reservada a las formas de vida en desarrollo, pero únicamente hasta que éstas se reproducen, pasando entonces no sólo el testigo genético, sino también el de las fuentes energéticas a la generación siguiente. No obstante, salvo los salmones del pacífico, algunas especies de insectos y otras contadas excepciones, la semelparidad no ha triunfado masivamente como estrategia compensadora del conflicto de intereses energéticos entre padres e hijos. De ello debemos extraer la conclusión de que la iteroparidad (capacidad de reproducirse varias veces a lo largo de la vida) ofrece, en términos generales, mayores ventajas evolutivas.

Existen al menos tres motivos por los cuales resulta más atractivo continuar con vida una vez alcanzada la cuota reproductiva, a pesar de que ello suponga una reducción en los recursos disponibles para la descendencia, que desaparecer una vez se ha cedido el testigo genético a la generación siguiente. Las tres razones tienen que ver con el tiempo. En primer lugar, el tiempo permite continuar reproduciéndose, da nuevas oportunidades para seguir generando descendencia. Por otro lado, ofrece experiencia y la capacidad para cuidar y criar a los descendientes. Con ello se consigue mejorar su supervivencia y que un mayor número de elementos jóvenes alcance su edad reproductiva. Dice Nesse que «el número de nacimientos sólo se convierte en relevante cuando se relaciona con el número de descendientes que alcanzan la madurez y se reproducen. En realidad, lo que importa es el número de nietos y biznietos supervivientes» (Nesse, 2001). Es decir, la naturaleza no se limita a que los progenitores tengan hijos viables sino que va más allá y se preocupa por los nietos de Adán y Eva.

La selección natural maximiza el valor reproductivo a lo largo de toda la vida, no la productividad en una determinada puesta. Por ello, cabe contemplar que invertir en crecimiento y desarrollo para mejorar la supervivencia de las crías hasta alcanzar el estado reproductivo también forma parte de las «obligaciones» de la selección natural. No debemos tampoco caer en el error de pensar que capacidades como la adquisición de experiencia con el tiempo para mejorar la supervivencia de las crías son atribuibles tan sólo a nuestra especie. Un elegante estudio llevado a cabo con renos finlandeses demuestra que las madres más longevas son las que presentan una mayor habilidad para minimizar el riesgo de muerte de sus hijos. Los autores de este interesante trabajo observaron un marcado efecto positivo de la experiencia de las madres sobre el éxito reproductivo entre los 3 años y el penúltimo año de vida, demostrando una mejor habilidad en la crianza de la descendencia a medida que avanzaba la edad. Dicha mejoría era atribuida a diversos motivos: una ganancia en el conocimiento acerca de la localización y distribución de las fuentes de alimentos, el mayor rango social alcanzado (lo que otorgaba a las madres una posición de dominio en el acceso a dichas fuentes) y una mejor calidad en el cuidado parental para minimizar el riesgo de mortalidad de las crías. Así, los investigadores nórdicos apuntaban que la eficacia biológica evoluciona cuando «las buenas hembras aprenden cómo convertirse en mejores madres», a través de incrementar el éxito de sus crías (supervivencia de la descendencia) más que por su dedicación exclusiva a la reproducción (producción de descendencia). Y concluyen que la eficacia biológica aumenta cuando la longevidad de las hembras también lo hace (Weladji, 2006).

Estos dos motivos, tiempo para reproducirse y tiempo para la crianza, definen dos grandes estrategias, esta vez distribuidas ampliamente dentro del reino animal. La primera suele ser utilizada por especies de pequeño tamaño y en las cuales la mortalidad infantil es extraordinariamente elevada y superior a la mortalidad de los progenitores. En este caso, la producción «al por mayor» de descendientes asegura que, aunque su tasa de mortalidad sea alta, un número adecuado de crías alcanzará la edad reproductiva. A esta estrategia se la conoce a menudo como «estrategia r». De seguir esta vía, Adán y Eva no se conformarían con Caín y Abel, sino que se emplearían a fondo para convertirse en familia numerosa. En segundo lugar, los animales de mayor tamaño y con una tasa de mortalidad inferior eligen la estrategia de la experiencia y la crianza (esfuerzo conocido como cuidado parental), a través de la cual el rendimiento de viabilidad es muy elevado. Este segundo mecanismo suele conocerse como «estrategia K» y, de optar por ella, Adán y Eva no tendrían más hijos y se dedicarían en cuerpo y alma a criar los que ya tienen. Obsérvese que ambas estrategias no son excluyentes y que, en función de las situaciones, puede pasarse de la una a la otra. Pensemos en nuestra especie: en circunstancias de elevada mortalidad infantil, como ocurría hace siglos en la mayor parte del planeta y como sucede hoy, por desgracia, en países del Tercer Mundo, las mujeres tenían muchos hijos; en cambio, en el momento en que se reduce la tasa de mortalidad en edades precoces disminuye, simultáneamente, el número de vástagos. De hecho, las estrategias r y K han sido a menudo utilizadas de una manera en exceso simplistas para clasificar los seres vivos en dos grandes y excluyentes categorías. No obstante, se trata tan sólo de los dos extremos de una línea continua, a lo largo de la cual se pueden ir situando las diversas especies. Por ello, no es difícil encontrar animales que poseen características propias de una de las estrategias aunque, en su conjunto, deberían clasificarse en la contraria.

Existe aún un tercer motivo que hace más interesante la iteroparidad que la semelparidad. Algunos autores han propuesto que ese tiempo «ganado» favorece la heterogeneidad de los individuos, es decir, la diversidad genética, un elemento clave para que la selección natural pueda actuar.

En términos de utilización de energía podríamos decir que en la iteroparidad los organismos invierten una parte de los recursos en la reproducción presente, pero reservan el resto para reproducciones futuras. En cambio, en la semelparidad se lo juegan todo a una carta, destinan la totalidad de los recursos a un único intento reproductivo.

Aceptemos, pues, que basándose en una supuesta mejor adaptación la selección natural escoge, mayoritariamente, la iteroparidad. Ello nos confirma una de las premisas con la que iniciábamos el capítulo y nos reafirma en la buena elección de la pregunta primordial de Hayflick. En efecto, la naturaleza nos premia con una mayor longevidad, con un tiempo extra que, a la vista de las leyes de la evolución, puede incluso parecer sorprendente. Así, Wick y colaboradores escribían en la revista *Experimental Gereontology:* «tenemos que admitir que la supervivencia más allá de la época reproductiva (…) representa un lujo que no había sido previsto por la evolución» (Wick, 2003). Nada más lejos de la realidad, el regalo, como no podía ser de otra manera, no responde más que a un interés egoísta de la propia selección natural.

Sin embargo, la ventaja que supone la supervivencia postreproductiva no resuelve el problema que nos planteábamos algunas páginas atrás: la coexistencia temporal de diferentes generaciones en un mismo entorno. El tema no se ha tenido en cuenta en la mayoría de estudios, pero algunos autores han enfatizado su importancia en la comprensión de las estrategias vitales y sus definiciones. Así, Hamilton entiende que en los organismos con generaciones sin gran solapamiento, la medición obvia de la eficacia biológica es la expectativa de descendencia entendida como nacimientos. En cambio, en los que practican el cuidado parental, el término nacimiento debería considerarse que ocurre en el momento en el cual la descendencia se convierte en independiente. Además, plantea que en los organismos que se reproducen repetidamente, el concepto de eficacia no resulta fácil de definir. Más aún, no tan sólo la eficacia deber ser replanteada ante la coexistencia de generaciones, sino que el autor propone que «para organismos que se reproducen repetidamente, la senescencia debe ser esperada como una inevitable consecuencia del trabajo de la selección natural» (Hamilton, 1966). Así, se apunta la idea de que la existencia del envejecimiento va íntimamente ligada al concepto de iteroparidad, al hecho de la reproducción repetida y a la coexistencia temporal de dos o más generaciones de una misma especie.

El principal inconveniente en la coexistencia generacional es la competencia entre progenitores y descendencia (y de descendientes entre ellos) por los finitos y limitados recursos energéticos. Si Adán y Eva hubieran optado por la «estrategia r», las coles salvajes no serían suficientes para una gran prole de vástagos, mientras que la alternativa de la «estrategia K» nos ofrecería un panorama de cuatro miembros de la familia luchando por la comida.

Una posible solución al conflicto se encuentra en lo que los biólogos denominan cainismo. En algunas especies de aves rapaces el hermano mayor y más fuerte elimina al hermano o los hermanos más pequeños, con el objetivo de convertirse en hijo único y acaparar toda la comida que le ofrecen sus progenitores. Incluso en determinada clase de tiburones esta conducta se observa intraútero, cuando la cría más fuerte devora los huevos aún sin eclosionar. De haber seguido por esta vía, Caín hubiera eliminado a Abel (dando pleno sentido a la denominación de cainismo) y la consecuente reducción de individuos disminuiría la tensión alimentaria de la familia.

No menos desagradable es el comportamiento denominado «canibalismo filial». Esta estrategia propia de algunas especies de peces consiste, como su definición apunta, en que los progenitores devoran parte de su descendencia. Desde una posición evolutiva resulta difícil de explicar, ya que no hay nada que reduzca más la eficacia biológica que ocasionar la muerte de los especímenes más jóvenes. Además y curiosamente, se da en especies en las cuales los progenitores mantienen cierto grado de cuidado parental. Algunos autores apuntan que el canibalismo filial permite al macho cuidador obtener una energía que reinvertirá en el cuidado del resto de descendientes. En este sentido, se erige como una extraordinariamente eficiente solución al conflicto que analizamos. Más recientemente se ha propuesto que la desaparición de parte de la descendencia mejora la supervivencia del resto, ya que dispondrán de una mayor cantidad de oxígeno (no olvidemos que se trata de una estrategia observada en peces).

Pero existe todavía otra posibilidad, una potente alternativa a las estrategias expuestas que, sin embargo, ha sido sistemáticamente olvidada o, cuando menos, considerada de forma superficial y que, como veremos, se erige en el núcleo inicial del origen y el sentido del envejecimiento. La selección natural pudo haber encontrado una salida diferente, elegante y menos drástica a la eliminación por la vía rápida de los progenitores (semelparidad) o de parte de la descendencia (cainismo o canibalismo filial). Se trata de una tercera propuesta que permitiría la supervivencia de ambas generaciones con las ventajas que ello supone. Imaginemos que Adán y Eva son humanos, es decir, son capaces de pensar. ¿Cómo intentarían solucionar, usando la razón, la falta de coles salvajes para criar a sus hijos? Probablemente, la manera más inteligente de hacerlo sería mediante la repartición. Ambos progenitores sacrificarían parte de su menú para ofrecerlo a sus crías. En lugar de diez coles diarias podrían pasar con ocho y el resto serviría para alimentar a los voraces Caín y Abel. Cuando éstos fueran mayores y sus necesidades se incrementaran, Adán y Eva reducirían todavía más su ración, a seis coles diarias, con lo que cada uno de sus descendientes dispondría de cuatro, hasta que, llegada la madurez de los menores, el reparto equitativo de cinco para cada uno mantendría unos mínimos garantizados para la supervivencia de los cuatro miembros.

Con este ejemplo, absolutamente simple y ficticio, se propone la hipótesis de que la selección natural podía haber obrado de la misma manera, seleccionando aquellos progenitores que demandaran menos recursos energéticos, es decir, que extrajeran menos nutrientes del medio exterior. La selección valoraría el principio «cantidad de recursos energéticos extraídos del medio por parte de individuos postreproductivos» y habría favorecido las alternativas menos consumidoras. Aquello que Adán y Eva hubieran hecho de manera consciente, la selección natural favoreció de forma ciega y con las únicas reglas de la teoría evolutiva.

«La evolución se basa en la feroz competencia entre individuos, de tal forma que tan sólo debería premiar el comportamiento egoísta. Cada gen, cada célula y cada organismo debería haber sido diseñado para promocionar su propio éxito evolutivo a expensas de sus competidores.» De esta manera, M. A. Nowak, de la Universidad de Harvard, inicia un artículo de revisión aparecido recientemente en la revista *Science* (Nowak, 2006). El propio Darwin, en una de las frases más citadas de su obra *El origen de las especies,* apuntaba que la vida es una lucha feroz por la supervivencia. A pesar de ello, encontramos cooperación allí donde miramos, los genes cooperan para formar un genoma, las células lo hacen en los organismos multicelulares y existen ejemplos de comportamiento cooperador en una gran multitud de animales. Y en palabras del citado Nowak: «los humanos son los campeones de la cooperación».

La biología darviniana tiene problemas para aceptar la incontestable evidencia de la cooperación como la que aquí proponemos entre padres e hijos. Si la única ley es la supervivencia del más adaptado, no debería haber ningún tipo de concesiones hacia otros organismos, para con ninguno de ellos, siguiendo la premisa de «al enemigo ni agua». En nuestro caso, postulamos que la selección natural ha favorecido que los progenitores reduzcan su incorporación de recursos energéticos para que éstos sean aprovechados por otros organismos, aun cuando esos otros sean sus descendientes. La coyuntura ha generado toda una rama de la teoría evolutiva que analiza las posibles ventajas del altruismo y sobre las que no nos extenderemos, aunque conviene matizar algunos aspectos.

El estudio del comportamiento social y de las conductas altruistas de cooperación con otros seres parten, principalmente, de los trabajos pioneros de Hamilton, aunque se ha dicho que Haldane se anticipó con la elocuente frase: «me lanzaré al río para salvar dos hermanos u ocho primos». El punto de partida del concepto de cooperación es analizar cómo y por qué la selección favorece que un individuo pueda llevar a cabo una conducta costosa para él, pero beneficiosa para otro u otros individuos, con el bien entendido que coste y beneficio se miden en términos de eficacia biológica. Caben dos posibles respuestas a la cuestión (West, 2006). En primer lugar, puede darse el caso de que, mediante esa conducta, se consiga mejorar la eficacia biológica del sujeto cooperante, por lo que el esfuerzo realizado se ve superado por la ventaja conseguida. La segunda posibilidad es más compleja. En este caso, la acción altruista hacia otro comporta un beneficio indirecto si ese otro es un pariente genético del cooperante. Si entendemos el principio fundamental de la reproducción como el hecho de transmitir genes y sabemos que compartimos esos genes con otros individuos, a la selección natural tanto le da quién los transmita, y puede favorecer acciones cooperantes entre seres que albergan el mismo acervo genético. El grado de parentesco genético se mide como la probabilidad de compartir un gen. La probabilidad de que dos hermanos compartan un gen es de 1/2 (o del cincuenta por ciento), mientras que la probabilidad de compartirlo con un primo es de 1/8. De ahí la frase de Haldane, a la selección natural le importa exactamente lo mismo que en un río me ahogue, o me salve, yo (tengo el 100 % de probabilidades de tener un gen mío), dos hermanos míos (cada uno tiene un 50 %, entre los dos el 100 %), u ocho primos (cada uno tiene una probabilidad de tener un gen mío de 1/8, pero entre los ocho suman, también, el 100 %).

Ello nos conduce a una forma especial de cooperación, la que Maynard Smith bautizó como selección parental *(kin selection)* para referirse a la situación donde los beneficios indirectos de la eficacia biológica tienen lugar porque se mejora la reproducción de los parientes. Por ello, se favorecería cualquier estrategia que resultara en un beneficio de los descendientes, por cuanto es casi tan útil como cualquier estrategia que favoreciera a uno mismo. Y así, a mayor número de genes compartidos o, lo que es lo mismo, a mayor grado de parentesco, mayor altruismo hacia esos individuos. De tal forma que la prioridad son los hijos o los hermanos (ambos tienen el 50 % de probabilidades de tener un gen nuestro). Como veremos más adelante, la hipótesis del abuelo económico encaja a la perfección con la teoría de la selección parental, eludiendo así una de las limitaciones que clásicamente se han postulado para aceptar el envejecimiento como una estrategia activamente seleccionada. De hecho, este obstáculo junto con el antes analizado de la supuesta inexistencia de senescencia en animales salvajes, se han erigido como las dos causas principales en contra de que se tratara de un proceso genéticamente programado.

Las teorías de cooperación pueden ser interpretadas también a la luz de la optimización energética. En este sentido, la mayoría de los investigadores asume que los individuos tan sólo pueden utilizar la energía que producen (léase adquieren y transforman) para cada momento dado de sus vidas. Contrarios a esta rígida visión, algunos autores apuestan por un sistema más dinámico. Chu y Lee se preguntan qué efectos tendría si los organismos pudieran «prestarse» y «pedir prestada» la energía en distintas etapas de sus ciclos vitales. Esto es lo que ocurre en lo que denominan «transferencia intergeneracional», que no es más que una forma de cooperación entre los miembros de un mismo grupo. Chu y Lee proponen un modelo en el cual los individuos adultos de una comunidad transfieren parte de su energía (en forma de alimentos, protección, etc.) a los individuos más jóvenes. El préstamo energético sirve para mejorar la supervivencia de los miembros inmaduros. De las diversas consecuencias que se desprenden del desarrollo del modelo encontramos la noción de que la «transferencia intergeneracional» pudo haber co-evolucionado con la longevidad. Ciertamente, las especies más longevas presentan como rasgo característico un cuidado parental y grupal más activo (Chu, 2006).

Pero volvamos ahora al razonamiento principal y analicemos uno de los puntos fundamentales de la hipótesis del «abuelo económico». Hemos apuntado que dicha formulación parte de la idea de que los individuos postreproductivos reducirían de forma progresiva la cantidad de energía extraída del entorno, es decir, nos encontraríamos ante una capacidad de variabilidad en el acceso a los recursos.

Los modelos de «adquisición-distribución de recursos» configuran para muchos expertos uno de los núcleos duros de los compromisos en las estrategias vitales, aunque el concepto de variabilidad en el acceso a los recursos ha generado más problemas que oportunidades hacia nuevas vías de estudio. Ello es debido a diferentes razones. Por ejemplo, si aceptamos que se trata de un parámetro no constante complicamos la formulación de modelos matemáticos de optimización. El mayor *desideratum* de las propuestas teóricas es que el acceso se mantenga como un valor constante para poder olvidarnos casi por completo de él. Por otro lado, cuando se acepta su existencia a menudo se presupone que la variabilidad al acceso de recursos es debida, únicamente, a una oscilación en el valor absoluto de la fuente. Es decir, tan sólo se contempla una relación unidireccional entre organismo y recurso, en la cual el primero mantiene una tasa de extracción constante mientras que la cantidad del segundo es la que determinará de cuánta energía se puede disponer. Además, esa cantidad variable de las fuentes disponibles dependerá de factores externos como una buena jornada de caza, una sequía, una plaga, etc. En otros términos, se acepta que la cantidad de demanda energética de los seres vivos permanece fija y en el límite superior de sus posibilidades metabólicas (cuanto más mejor), mientras que la oferta es la que modulará, en última instancia, el volumen absoluto del recuso disponible. En nuestra familia teórica, eso significa que es la cantidad de coles salvajes disponibles la que predecirá el acceso a ellas, ya que los sujetos tenderán siempre a comerse cuantas más mejor. Finalmente, incluso valorando estas consideraciones, los expertos se enfrentan con grandes dificultades en el momento de encontrar parámetros que sirvan no sólo para definir sino también cuantificar el sentido teórico del acceso a los recursos, es decir, para abstraer la realidad en términos manipulables matemáticamente. De esta manera, se han propuesto diferentes medidas como el tamaño de un organismo para una edad determinada, la tasa de adquisición de alimentos, o la medición de los tejidos de reserva energética (como el tejido graso). No obstante, como también se ha sugerido, ninguno de estos parámetros puede ser utilizado de manera generalizada (Roff, 2007). Además, si analizamos las medidas propuestas nos damos cuenta de que, para la mayoría de ellas, se valora el recurso energético una vez incorporado al organismo (cantidad de grasa, tamaño, etc.), pero no el recurso disponible en la naturaleza ni las variables que intervienen en su incorporación. Esta concepción tan acotada y poco explorada del modelo adquisición-distribución de recursos genera otro sesgo en la comprensión de la senescencia.

Por otro lado, la obtención de los recursos alimentarios es costosa y se halla sujeta a múltiples restricciones. Así, el consumo de nutrientes no será máximo en un sentido absoluto sino en función de lo que permita la suma de las restricciones. Yearsley (2002) lo resume claramente cuando afirma que «la ingesta debe ser óptima más que máxima». No existe ninguna duda de que los riesgos y costes asociados a la obtención de recursos inciden en la eficacia biológica. Durante el aprovisionamiento, el mayor factor de vulnerabilidad es el riesgo de predación (ser devorado mientras se busca comida), el coste del esfuerzo físico de la búsqueda, la habilidad cognitiva y el tiempo invertido. El propio acto de comer tampoco está exento de peligros como la intoxicación, la posibilidad de infección por parásitos, y de costes energéticos como el esfuerzo digestivo. Todos estos parámetros han sido recogidos en mayor o menor medida en los modelos que analizan las estrategias vitales sistematizándolos en diferentes variables como «el coste por unidad de tiempo dedicado al aprovisionamiento» o «el coste por unidad de tiempo consumido». Estas aproximaciones nos permiten entender los comportamientos alimentarios, a veces paradójicos, de los animales. En su magnífico ensayo *Bueno para comer* (1985), el gran antropólogo Marvin Harris nos ofrece un buen ejemplo de lo que forma parte de la denominada Teoría del aprovisionamiento óptimo (*optimal foraging theory*): «supóngase, a modo de ejemplo, que en un bosque determinado sólo hay tres especies: cerdos salvajes, osos hormigueros y murciélagos. Supóngase, además, que en cuatro horas de búsqueda por este bosque un cazador puede esperar encontrar un cerdo salvaje y que la manipulación (persecución, muerte, cocinado, etc.) de éste cuesta dos horas, en tanto que su valor calórico asciende a 20.000 calorías. Si el tiempo de manipulación del oso hormiguero es también de dos horas, pero su rendimiento calórico asciende solamente a 10.000 calorías, ¿deberá el cazador detenerse a cazarlo cuando lo encuentre o reservarse para el cerdo salvaje? Si se dedica exclusivamente a este último, en cuatro horas de búsqueda la tasa de rendimiento calórico del cazador será: 20.000 cal / 4 h. + 2 h. = 20.000 cal / 6 h. = 3.333 cal/h. Si se detiene para cazar un oso hormiguero, la tasa pasará a ser: 20.000 cal + 10.000 cal / 4 h. + 2 h. + 2 h. = 30.000 cal / 8 h. = 3.750 cal/h. Así pues, no deberá pasar por alto al oso hormiguero, ya que 3.750 es más que 3.333. Y ¿qué sucede con los murciélagos? Supóngase que el tiempo de manipulación de los murciélagos equivale también a dos horas, pero que su rendimiento calórico sólo asciende a 500 calorías. ¿Deberá detenerse por un murciélago? 20.000 cal + 10.000 cal + 500 cal / 4 h. + 2 h. + 2 h. + 2 h. = 30.500 cal /10 h. = 3.050 cal/h. No. Si lo hiciera en lugar de reservarse para un oso hormiguero o un cerdo salvaje, "perdería el tiempo"».

Existen numerosas propuestas teóricas y modelos matemáticos que intentan analizar e interrelacionar todas las supuestas variables que intervienen en la teoría del aprovisionamiento óptimo. Con el objetivo de simplificar un poco su estudio algunos autores han subdividido el coste global en dos grandes categorías. En primer lugar, tendríamos el coste de obtención (*procurement cost*), atribuible al tiempo y al esfuerzo que hay que destinar a localizar y alcanzar el recurso alimentario. En segundo, estaría el gasto en el consumo *(consummatory cost)*, asociado a la manipulación e incorporación del alimento una vez éste ha sido encontrado.

No obstante, la mayoría de los modelos teóricos, como el ejemplo de Harris y la mayor parte de la teoría del aprovisionamiento óptimo, analizan el efecto de la optimización de los recursos de una manera restrictiva, generalmente dentro de un corto período de tiempo que puede ir de una única toma a un ciclo de una estación o un año. Son pocos los investigadores que añaden la variable temporal. Yearsley (2002) propone un modelo en el cual el consumo incide en las estrategias vitales a lo largo de toda la vida de los organismos, aceptando que puede haber variaciones en el valor óptimo de obtención de recursos a medida que el individuo envejece y se acerca al final de su vida reproductiva. Además, establece unos criterios de optimización diferentes según se trate de animales que practican una reproducción del tipo semelparidad o del tipo iteroparidad. A pesar de ello, el modelo propuesto simplifica los factores que modifican la ratio de incorporación de alimentos, y concluye que, considerando la reducción de fecundidad en relación con la edad, los animales tienden a la maximización a medida que envejecen.

Lo que aquí se propone, en la hipótesis de «el abuelo económico», es que la relación recurso-individuo puede ser un eje utilizado por la selección natural para optimizar los recursos, destensar la cuerda de la constricción energética y, por encima de todo, reducir el conflicto entre progenitores y descendientes por esos recursos. Para ello, escrutaría entre los individuos adultos la variable «cantidad de energía extraída de los recursos» y favorecería a aquellos que fueran más ahorradores. El procedimiento resulta totalmente compatible con las leyes evolutivas y podríamos desarrollar su mecanismo de acción de la manera siguiente.

Adán y Eva tienen unos vecinos conocidos como $Adan_2$ y $Eva_2$ que, como los primeros, se alimentan de coles salvajes. $Adan_2$ y $Eva_2$ tienen dos hijos a los cuales, en efecto, se les bautizó con los originales nombres de $Abel_2$ y $Caín_2$. Hemos visto que los primeros Adán y Eva, tras numerosas posibilidades teóricas para hacer frente a la manutención de su descendencia decidieron, al fin, repartir las coles. Para ello, fueron reduciendo su propio consumo a medida que los hijos iban incrementado sus necesidades. Imaginemos ahora que $Adan_2$ y $Eva_2$ no opinan de la misma manera y que, a pesar de sus responsabilidades para con las crías, no disminuyen sus ansias nutritivas y continúan devorando tanto como pueden, es decir, su ración de diez coles diarias. No resulta complicado pensar que las probabilidades de supervivencia de Caín y Abel son inmensamente superiores a las de $Abel_2$ y $Caín_2$.

Hasta ahora hemos planteado el marco general de la hipótesis del abuelo económico. Esto es, en primer lugar, la identificación de un compromiso lo suficientemente importante como para modelar las historias vitales de los animales (el conflicto de intereses energéticos entre diferentes generaciones coexistentes). En segundo, hemos encontrado la vía a través de la cual la selección natural puede intervenir para solucionar el conflicto (la variabilidad en el acceso de los recursos energéticos). Seguidamente, hemos enunciado la variable inicial sometida a la consideración de la selección natural (tasa de extracción de esos recursos en los individuos postreproductivos) y la opción selectivamente más correcta (individuos menos extractores). Para terminar, hemos visto cómo la estrategia final encaja perfectamente dentro de los postulados evolucionistas (teorías de cooperación y selección parental). Así, llegamos a la formulación de que la selección natural ha escogido individuos que, a medida que superan la edad reproductiva, se convierten en menos demandantes de energía, se vuelven más económicos. En los próximos capítulos analizaremos cómo se lleva a cabo esa estrategia y qué evidencias existen de que ello sea así para poder estar en disposición de responder, finalmente, la cuestión formal: ¿por qué envejecemos?

# El legado del cazador

Como hemos visto en páginas anteriores, las estrategias vitales
sobre optimización en la distribución de los recursos energéticos entre crecimiento, mantenimiento y fertilidad alcanzan tres
conclusiones importantes. Primero, cierto grado de lesión
somática es tolerado a pesar de disponer de los mecanismos reparadores adecuados. Ello es debido a que invertir en mantenimiento no otorga una eficacia biológica inmediata, y para
cuando esa eficacia resulte efectiva, el organismo puede haber
desaparecido por alguna causa extrínseca de muerte. Así, la inversión a largo plazo se convierte en una apuesta excesivamente arriesgada. Segundo, la inversión en mantenimiento se reduce en relación con la edad, por cuanto disminuyen las
expectativas reproductivas de los organismos más viejos. Tercero, dado que los recursos son limitados y finitos, la inversión
en una de las tres estrategias obliga a una disminución en el capital disponible para las otras dos y, a partir de todo lo expuesto,
resulta más productivo destinar los recursos a favorecer la fer-

tilidad que al mantenimiento. Considerando las tres conclusiones, la hipótesis de Kirkwood se nos presenta como una consecuencia de lógica aplastante. No obstante, todo el razonamiento se fundamenta en un principio que algunos investigadores han bautizado como del presupuesto fijo, es decir, que la cantidad de recurso disponible es invariable. La aceptación, a menudo implícita, de esta idea deriva de la noción que la obtención de los recursos es difícil y siempre limitada, de modo que los animales trabajan siempre con el máximo capital disponible (Teoría del aprovisionamiento óptimo).

Una de las principales premisas que he utilizado en la hipótesis del abuelo económico es que el presupuesto no es fijo, que el parámetro «adquisición de recurso» se convierte en una variable explotable por selección natural. De esta manera, los individuos adultos modifican dicha adquisición en aras a mejorar la eficacia biológica de los descendientes. En este mismo sentido, en los últimos años diferentes experimentos llevados a cabo con diversas especies nos confirman el error de la premisa de presupuesto fijo y apuntan como más adecuada la premisa alternativa (que podríamos denominar de «presupuesto variable»), es decir, que la obtención de alimentos ofrece un cierto grado de elasticidad. Los animales modulan la adquisición en función de diversos parámetros.

Uno de los elementos que puede modificar la disponibilidad de recursos es atribuible al hecho de que su adquisición entraña, por sí misma, un daño somático, según vimos anteriormente. Este efecto adverso es imputable a un conjunto de fenómenos asociados al proceso de adquisición: el riesgo de predación, de infección por parásitos, de ingestión de toxinas, el coste energético de la propia adquisición, el de la respiración, el daño asociado a los radicales libres, la producción de toxinas por parte de la flora bacteriana intestinal, los costes derivados del almacenamiento de reservas, el crecimiento excesivo, etc.

Pero que el proceso de adquisición tenga un coste cuantificable en el debe del «daño somático», implica necesariamente la existencia de un compromiso entre adquisición y eficacia biológica, compromiso que se extiende a los mecanismos de reparación del daño, es decir, al mantenimiento. Así, es muy probable que al trío formado por crecimiento, fertilidad y mantenimiento deba incorporarse un cuarto elemento que podemos definir como adquisición. En el nuevo escenario, la adquisición y la distribución de recursos entre los otros tres conceptos deberían ser interdependientes. Esta posibilidad ha sido explorada por, entre otros, Yearsley y colaboradores. Los autores apuntan que «la interdependencia entre la admisión de recursos y su distribución, que raramente ha sido aplicada en los estudios teóricos, plantea la cuestión de cuándo sería regulada la admisión y de cómo sería complementada por la estrategia de la distribución de recursos» (Yearsley, 2005). A partir de esta premisa, los investigadores proponen un modelo en el cual se acepte que la adquisición comporta un cierto daño que, a su vez, aumenta el riesgo de mortalidad.

El desarrollo del modelo «presupuesto variable» de Yearsley ofrece interesantes consecuencias, algunas de las cuales contradicen o minimizan las tres grandes conclusiones con las que iniciábamos este capítulo. Los resultados están en función, en parte, de los distintos escenarios teóricos planteados, pero en todo ellos se demuestra que el aumento de la mortalidad asumible por la adquisición conduce a una reducción en la inversión reproductiva y también a una reducción en la cantidad total de recurso incorporado. De esta manera, una forma de limitar el daño somático es disminuir la incorporación de recursos. Otro hallazgo interesante es que para algunos escenarios se demuestra que la inversión en mantenimiento aumenta, en lugar de reducirse, a medida que la edad avanza. Una conclusión que pone en tela de juicio la formulación de Kirkwood y otros autores.

En lo que atañe a nuestro planteamiento, los trabajos en la línea de «presupuesto variable» dan crédito a la interpretación del «abuelo económico». Nos reafirma en la idea de que la adquisición no sigue la regla de cuanto más mejor y que se encuentra sujeta a unas constricciones tanto por encima como por debajo. Pero además, nos ofrece un nuevo y sorprendente factor que hace más verosímil la hipótesis. Resulta que la reducción en la adquisición por parte de los individuos postreproductivos tiene un premio suplementario: la disminución en el daño somático. Con ello dispone de menos energía pero reduce también el requerimiento en el concepto de mantenimiento que, de otra manera, probablemente sería todavía más desequilibrado. En este sentido, la conclusión del trabajo de Yearsley no puede ser más esclarecedora: «si los organismos regulan su incorporación de recursos, la teoría del aprovisionamiento óptimo, la teoría de la distribución de recursos y las teorías del envejecimiento deben estar, todas ellas, fundamentalmente relacionadas» (Yearsley, 2005). Una vez aceptado el hecho de la importancia de la variación en la adquisición de recursos, volvamos, una vez más, a nuestra modélica familia.

Mientras Caín y Abel se encuentran en fase de crecimiento para alcanzar su madurez reproductiva, la selección natural les permite ir aumentando el número de coles salvajes ingeridas hasta el objetivo óptimo final de las diez coles diarias. Ello va en detrimento del número de vegetales disponibles para sus progenitores, los cuales se ven sometidos a una restricción obligatoria, hasta llegar el momento en el cual su nivel de extracción de recursos del entorno se reduce por debajo del límite de su plasticidad metabólica que habíamos ponderado en cinco coles. El voto de ayuno impuesto por la selección natural para compatibilizar la coexistencia de diferentes generaciones en un mismo momento y en el mismo entorno, obliga a los individuos postreproductivos a una reorganización de su funcionamiento como ser vivo. Aquello que estaba diseñado para trabajar con no menos de cinco coles al día debe adaptarse a funcionar con una cantidad inferior de energía. Ello conlleva una serie de cambios obligatorios.

Hemos apuntado que los requerimientos energéticos de cualquier individuo pueden determinarse basándose en dos grandes necesidades. En primer lugar, la energía absolutamente indispensable para el buen funcionamiento de las actividades fisiológicas y que conocemos como metabolismo basal. Por otro lado, la energía que precisa para realizar actividades no estrictamente obligatorias como el ejercicio físico. La hipótesis del abuelo económico nos dice que el individuo debe reducir la cantidad de energía que incorpora y para ello debería verificarse la premisa que, a medida que envejecemos, reducimos el metabolismo basal y el gasto debido al ejercicio. Veamos si es cierto.

Entendemos por metabolismo basal la cantidad mínima de energía que un individuo debe ingerir para continuar con vida, ya que le asegura el aporte suficiente para llevar a cabo todas las funciones vitales. Su cálculo se realiza a partir del oxígeno consumido en situación de reposo absoluto, debido al hecho de que, como hemos visto, el oxígeno es necesario para procesar la energía mediante las reacciones de tipo *redox*. Se ha calculado que por cada litro de oxígeno consumido se generan unas 4.825 kcal. A pesar de que el metabolismo basal depende de diferentes factores, sus valores son fácilmente previsibles si tenemos en cuenta tres variables: el sexo (algo superior en los hombres que en las mujeres), la superficie corporal (el metabolismo basal se relaciona inversamente con el tamaño del cuerpo) y la edad (se sabe desde antaño que la edad es uno de los condicionantes más importantes de las necesidades calóricas diarias). Así, la ecuación clásica para calcular el metabolismo, conocida como fórmula de Harris-Benedict, establece una correlación negativa entre requerimientos energéticos y edad. Por ejemplo, para un hombre de 20 años, que mide 170 cm y pesa 70 kg, el cálculo de la fórmula indica que requiere 1.739 kcal al día; mientras que en un varón del mismo peso y talla pero de 70 años de edad, sus necesidades se reducen a 1.399 kcal diarias. Es decir, 340 kcal menos que el joven. La apreciación teórica de la ecuación de Harris-Benedict ha sido confirmada en numerosos estudios poblacionales, y concluye que el metabolismo basal se reduce en aproximadamente un 10 % entre la cuarta y la séptima décadas de la vida (Piers, 1998).

Por otro lado, es un hecho fácil de observar que el envejecimiento se acompaña de una reducción drástica en la actividad física. Hasta hace poco tiempo, se aceptaba que esta actitud respondía más a una reducción voluntaria del propio individuo que a cualquier otro motivo. En la actualidad, se empieza a pensar que el sedentarismo asociado a la edad forma parte de los cambios fisiológicos, por lo que, más que una actitud voluntaria, debemos considerarlo un fenómeno más del proceso. La conclusión es que la persona mayor que no hace ejercicio es porque no puede y no tanto porque no quiere. En un interesante trabajo aparecido en la década de los noventa del siglo pasado, Black y colaboradores (1996) estimaban que el nivel de actividad física (calculado como la proporción entre el gasto energético total y el gasto energético en reposo) se reducía de 1,67 entre los 40-64 años a 1,62 a los 65-74 años y a 1,51 a los 75 años de edad.

La disminución progresiva en el metabolismo basal acompañada de la reducción en la cantidad de ejercicio comporta, obligatoriamente, una significativa pérdida de los requerimientos energéticos en la senescencia. Diferentes estudios efectuados durante el último medio siglo han intentado cuantificar esa pérdida. Uno de los pioneros fue el Baltimore Longitudinal Study of Ageing, que encontraba que la ingesta media de 11,24 MJ/día en los hombres de 23 a 34 años de edad se reducía a 8,75 MJ/día en los hombres de 75 a 99 años. Desde entonces, los datos científicos apoyan la idea que a medida que se envejece se reduce, de manera significativa, la cantidad de energía ingerida. La causa de dicho cambio es debida a una menor necesidad de los requerimientos fisiológicos (disminuye el metabolismo basal), así como de los requerimientos accesorios (disminuye la actividad física). Pero para que esta modificación fuera compatible con el modelo del abuelo económico deberíamos observar que la reducción en la necesidad se acompaña, realmente, de una disminución en la incorporación de las fuentes nutricionales, ya que la hipótesis se sustenta en la estrategia de limitación en la extracción de recursos externos.

Se conoce con el término de «anorexia del envejecimiento» el fenómeno de pérdida de apetito que se da en las personas a medida que envejecen (Morley, 2001). A pesar de que existen algunos factores psicosociales que favorecen esta actitud, numerosos estudios han demostrado que hay una base fisiológica que lo justifica. Se ha observado que la senescencia se acompaña de una pérdida en el equilibrio entre los mecanismos que regulan el apetito y la saciedad, de tal modo que se frenan los primeros y se potencian los segundos (Di Francesco, 2006).

Parece del todo probado que esta pérdida no es atribuible a una sola causa y que, con toda probabilidad, el nuevo escenario es debido a la interacción de numerosas sustancias, especialmente algunas hormonas. Entre las culpables encontramos la insulina (Roberts, 2006) y otras menos conocidas como el neuropéptido Y, además del glucagón o la colecistoquinina (Kmiec, 2006). En cualquier caso, podríamos interpretar la anorexia del envejecimiento como el mecanismo fisiológico que reduce la ingesta de energía en consonancia con la reducción de las necesidades.

La limitación de la actividad física, la franca reducción en el metabolismo basal y la anorexia del envejecimiento son los mecanismos que utilizan Adan y Eva para adaptarse a la ley, impuesta por la selección natural, que les obliga a subsistir con cinco coles salvajes o menos y que les convierte en unos perfectos abuelos económicos. Todo ello nos conduce a otra idea que tampoco ha sido explotada en los modelos teóricos de reparto energético. Hemos visto cómo el planteamiento clásico de maximizar la incorporación de energía a cualquier precio resulta incompatible con la noción de optimización. Los trabajos de Yearsley al respecto nos ponían sobre aviso de que la captación de los recursos puede variar a lo largo de la vida del organismo en función de la idoneidad del momento. Pero en el modelo aquí propuesto nos damos cuenta de que la naturaleza no sólo juega con la energía que seamos capaces de asimilar de forma óptima sino con aquella que dejamos de utilizar. De manera gráfica, el siguiente esquema nos muestra cómo también la energía no consumida puede formar parte de una estrategia dirigida por selección natural. En el apartado A observamos cómo los progenitores utilizan las fuentes energéticas para mejorar la eficacia biológica en etapas reproductivas. En el apartado B vemos las modificaciones impuestas por el modelo del abuelo económico y reparamos en el hecho de que la energía no incorporada por los padres en fase postreproductiva revierte en la descendencia de manera tan eficaz como en el modelo optimizado de Yearsley.

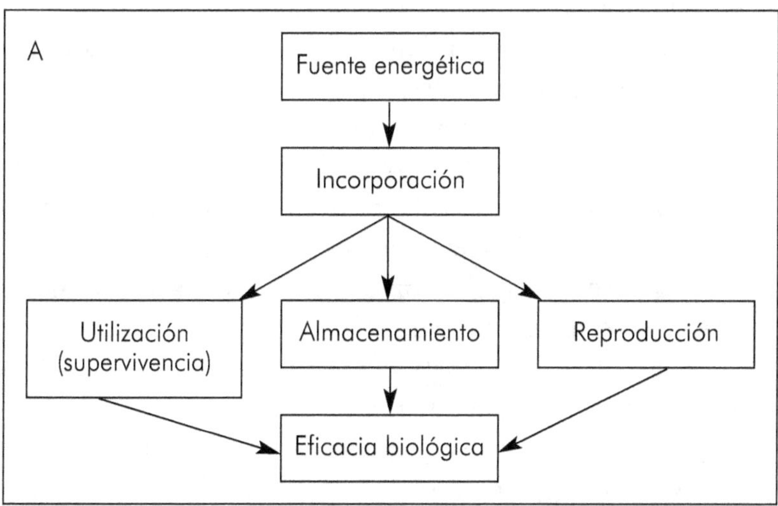


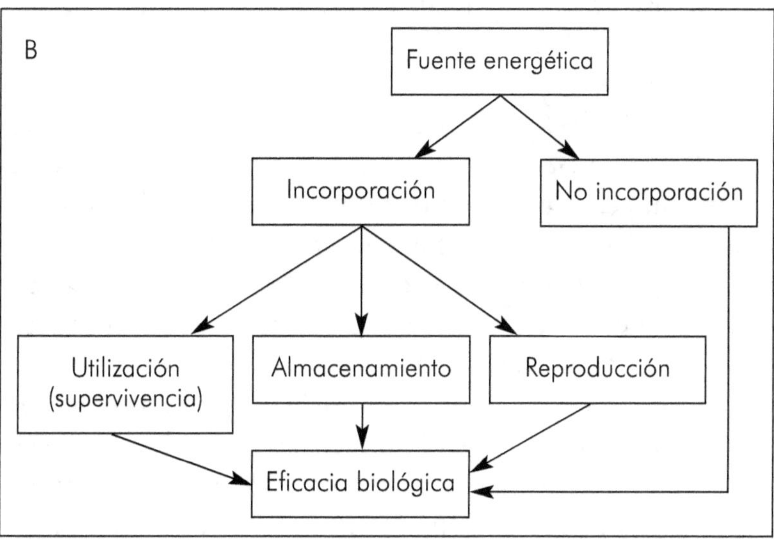

No obstante, todas estas adaptaciones de emergencia deben acompañarse de otras modificaciones. Por encima de todo, nuestros modélicos progenitores deben replantearse de qué manera redistribuyen la todavía más limitada energía disponible. El reparto en la etapa postreproductiva debe tener en cuenta la energía no incorporada y, por ello, debe volver a distribuir el nuevo presupuesto. En el esquema anterior hemos visto que el recurso consumido lo destinamos a tres grandes partidas. Una parte es utilizada para las funciones vitales que permiten la vida (supervivencia), otra parte la destinamos específicamente a la reproducción (gestación, lactancia, cuidado parental, etc.) y hemos añadido un tercer concepto, el almacenamiento energético. Analicemos en qué consiste y de qué manera lo modificamos con el envejecimiento.

La denominación de «abuelo económico» traduce la formulación inglesa original de *thrifty aged* y es, en cierta manera, un tributo a la persona que describió la teoría del *thrifty genotype* (o «genotipo ahorrador»). La palabra *thrifty* es un vocablo de uso bastante coloquial que no había sido utilizado en el lenguaje científico hasta que lo introdujo James Neel hace casi cincuenta años.

En 1962, Neel publicó un artículo en *The American Journal of Human Genetics* que llevaba por título «Diabetes mellitus: ¿un genotipo ahorrador transformado en perjudicial a causa del progreso?». La hipótesis de su trabajo partía de la idea que, a lo largo de la evolución, los organismos han ido desarrollando diversos sistemas para optimizar el rendimiento energético. Estos sistemas consistirían en un mayor aprovechamiento de los recursos en forma de reducir el gasto y fomentar el ahorro. Dado que las estrategias mejorarían la eficacia biológica, quedarían fijadas en el genoma. Al conjunto de estas aportaciones genéticas, encaminadas todas ellas a fomentar el ahorro energético, Neel lo llamó «genotipo ahorrador». El objeto particular en el cual el autor basa su propuesta es en el campo de la diabetes mellitus y, en particular, en el metabolismo de la insulina. Así, cuanto más rápida fuera la acción de la hormona, a más velocidad también entraría la glucosa en las células, menos tiempo permanecería en la sangre, menor cantidad alcanzaría el riñón y, finalmente, se reduciría la pérdida del nutriente por la orina. En palabras de Neel, la actuación de la insulina con la rapidez de un gatillo favorecería el aprovechamiento de la principal fuente calórica, la glucosa. Esta estrategia resultaría altamente eficaz durante la larga evolución de nuestra especie, cuando la obtención de alimentos resultaba costosa, errática y a menudo insuficiente. No obstante, en la época actual, al menos en el mundo desarrollado, caracterizado por un exceso en la ingesta de nutrientes, el celo en el aprovechamiento energético se convierte en un factor obsoleto y contraproducente. El incremento calórico, asociado a esta optimización en su uso puede superar los sistemas de regulación e incluso la capacidad del páncreas para dar abasto en la producción de insulina, fenómeno que conduciría al desarrollo de la diabetes. De esta manera, como justifica en el título del trabajo, Neel cree que aquel genotipo ahorrador que nos aseguró la supervivencia en tiempos de escasez, se nos vuelve en contra hasta convertirse en el elemento causante de la enfermedad. Con esta hipótesis el autor justificaba la elevada presencia de la diabetes que, a mediados del siglo XX, empezaba a ser notoria en la población. Resulta interesante remarcar que la concepción inicial elaborada por el científico destacaba que era una mayor eficacia de la insulina la que determinaría una mayor optimización de los recursos energéticos. Veremos a continuación que la idea actual es completamente distinta.

En los años que siguieron a la formulación teórica del genotipo ahorrador, el propio Neel y otros autores se dieron cuenta de que si la presunción era cierta para justificar la diabetes, todavía debía serlo más para entender otra de las enfermedades que justo entonces empezaba a destacar. Es fácil demostrar que la epidemia de obesidad que en estos momentos azota gran parte del planeta es el resultado de un acúmulo excesivo de grasa. Almacenar grasa es la manera más eficaz de almacenar energía. Los mamíferos, y en general todos los vertebrados, somos capaces de retener una gran cantidad de energía y tenemos dos posibles maneras de hacerlo. Por un lado, almacenamos azúcares en forma de glucógeno y, por otro, guardamos grasa con una presentación que conocemos como triglicéridos. El glucógeno queda acumulado preferentemente en el hígado y en el músculo, mientras que los triglicéridos se convierten en el principal componente de los adipocitos, las células que configuran el tejido adiposo. El rendimiento calórico del azúcar que utilizamos como depósito es escaso, de tal forma que un gramo de glucógeno nos aporta una kilocaloría. El rendimiento de la grasa es ocho veces superior. Por otro lado, la cantidad total de glucógeno que somos capaces de acumular en el hígado no excede de las mil o mil quinientas kilocalorías. En cambio, podemos almacenar una cantidad casi ilimitada de grasa. Por todo ello, a efectos prácticos, la mayor parte de la energía que tenemos en depósito es grasa. Se ha calculado que las reservas energéticas en forma de grasa serían capaces de abastecer a un individuo adulto durante un período de más de dos meses sin tener la necesidad de comer.

La obesidad es una acumulación excesiva de grasa y se ha involucrado al genotipo ahorrador como el causante de la facilidad con la que engordamos. Dice Barry E. Levin, en un artículo publicado en la revista *Obesity* en 2006, que el superviviente perfecto debería reunir tres características. Primero, debe tener la capacidad de comer y almacenar tantas calorías como le sea posible cuando dispone de comida. Segundo, tiene que poder reducir el gasto energético cuando la disponibilidad de alimentos se reduce. Y, tercero, debe restaurar los depósitos energéticos que ha perdido cuando vuelve a tener la comida a su alcance. Parece demostrado que la evolución de nuestra especie ha estado marcada no tanto por la escasez crónica de nutrientes sino por la variabilidad en su obtención. Nuestros antepasados no comían cuando querían, sino cuando podían. La suerte de encontrar un árbol frutal, de tener una jornada de caza exitosa o una cosecha excelente les proporcionaba una cantidad de energía que incluso podía ser excesiva. Pero a ese período de bonanza podía seguirle otro de vacas flacas. Esta alternancia en la disponibilidad de recursos favorecería la estrategia de fomentar el ahorro en las épocas de abundancia para poder soportar las épocas de carestía. Ello conduciría a potenciar un sistema de regulación energético discretamente desequilibrado (otro desequilibrio sutil), en el cual nuestro metabolismo potenciara el ingreso de energía, incluso por encima de nuestras necesidades actuales. Para muchos científicos este comportamiento sería, más que el propuesto por Neel, el verdadero genotipo ahorrador, entendiendo ahorrador de manera literal: ahorrar energía en forma de grasa. Resulta también fácil de entender que este sistema se desborda cuando, en la actualidad, en los países ricos, los recursos son ilimitados y, además, no padecemos la alternancia en la disponibilidad de los alimentos porque vivimos continuamente en una época de abundancia.

Más o menos al mismo tiempo que se popularizaba la denominación del genotipo ahorrador, otro científico, George F. Cahill Jr., formulaba una teoría que, con el paso de los años, se ha convertido en complementaria, y a la vez rival, de la de

Neel. De forma contraria a la hipótesis insulínica inicial, para Cahill (1966) lo que realmente había proporcionado una ventaja evolutiva, es decir, aquello que debería caracterizar al superviviente perfecto, era su masa muscular. Mantener un alto rendimiento en la musculatura permitiría una mayor eficiencia en la obtención de recursos (por ejemplo, en la caza) y, además, incrementaba las posibilidades de huida ante la amenaza de un peligro (por ejemplo, la persecución por un depredador). *Fight or flight* («lucha o vuela», según el aforismo inglés). El planteamiento de esta nueva hipótesis desviaba el núcleo de atención hacia el músculo y, por tanto, convertía a la proteína, el componente principal de este tejido, más que la glucosa o la grasa, en el bien más preciado. No obstante, una de las objeciones que debía superar era de qué manera encajaba en la demostrada alternancia en la disponibilidad de los recursos energéticos y, particularmente, cuál era el comportamiento del metabolismo centrado en la proteína en relación con el cerebro. Este órgano, absolutamente mimado en la evolución de los homínidos, es el único de nuestro organismo que necesita el suministro de glucosa de manera ininterrumpida. Ante largos períodos de ayuno, cuando el aporte de azúcares es nulo y el hígado ha agotado la escasa reserva de glucógeno, se dispara un mecanismo de emergencia denominado neoglucogénesis que consiste en la transformación de las proteínas del músculo en glucosa, con la finalidad de mantener el abastecimiento energético cerebral. A la vista de este fenómeno totalmente demostrado y aceptado por la comunidad científica, resultaba difícil compatibilizar el mantenimiento del capital proteico muscular con la necesidad de glucosa del cerebro. ¿Qué es más favorable, preservar la masa muscular, como proponía Cahill, o sacrificar ese músculo para asegurar el flujo energético del órgano más noble de nuestra especie? Algunos autores proponen el tejido adiposo como la solución a la paradoja. La grasa sería la encargada de suministrar energía al músculo y al cerebro. No obstante, la respuesta nos genera una nueva cuestión: ¿de qué manera se reparte la energía?

Para Neel, el genotipo ahorrador se fundamenta en una mayor eficacia de la insulina. La rapidez en su acción y la alta capacidad de reacción de los tejidos corporales hacia ella se convierten en el epicentro de la propuesta. Es decir, que la ventaja evolutiva se traduce en una mayor sensibilidad a la insulina. Años más tarde, Gerald M. Reaven, uno de los científicos más eminentes en el campo de la diabetes de los últimos cincuenta años, propone que la única manera de aportar glucosa al cerebro sin limitar el capital proteico muscular es justamente la opción contraria, esto es, reducir la eficacia de la acción de la insulina (1988). La hormona debe reducir su potencia, los tejidos en los cuales actúa deben responder peor a su efecto. Este fenómeno se conoce como resistencia a la insulina (RI). Para Reaven (1998), si el músculo se vuelve insensible a la acción de la insulina este tejido captará menos glucosa y la molécula quedará disponible para ser utilizada por el cerebro. Mediante el fenómeno de la RI, es como si la glucosa fuera directamente al sistema nervioso central (que no necesita insulina para usarla) sin detenerse ni perderse en el músculo. A su vez, la mayor disponibilidad de glucosa en el cerebro liberará al músculo de la neoglucogénesis, con lo cual podrá mantener sus proteínas que ya no serán necesarias para transformarse en glucosa. En resumen, ambas hipótesis, la de Neel y la de Cahill-Reaven, nos proponen modelos de optimización de energía, pero a través de dos mecanismos absolutamente contrapuestos: para Neel la base es la sensibilidad a la insulina; para Cahill-Reaven justo el contrario, la RI. Desde la óptica actual, más de cuarenta años después de las formulaciones iniciales, cabe preguntarnos quién se ha llevado el gato al agua. Y la respuesta consensuada es que Reaven ha demostrado estar en lo cierto. Reconocemos la aportación inestimable de Neel en el pionero trabajo que publicó en *The American Journal of Human Genetics* en 1962, y por ello se ha mantenido la denominación del genotipo ahorrador. Pero, al mismo tiempo, aceptamos que los mecanismos que dirigen ese ahorro están más cerca de los postulados de Reaven, erigiéndose la RI como la base de ese genotipo, y por ello es la culpable de la obesidad y de algunas formas de diabetes mellitus que azotan como una epidemia sin control nuestra sociedad actual.

Neel nos propuso un marco teórico, Cahill y Reaven nos iluminaron en las interioridades de ese marco, pero transcurrido casi medio siglo, numerosos autores creen que no hemos avanzado mucho más. Si realmente se trata de un genotipo, ¿cuáles son los genes que lo configuran? ¿Qué nombres y apellidos tienen, ahora que somos capaces de leer nuestro genoma? Resultaría largo extenderse en este punto, pero lo cierto es que aunque se han propuesto numerosos genes candidatos, ninguno de ellos ha sido plenamente aceptado por la comunidad científica. Además, de la misma manera que hemos visto que sucedía con los genes que deberían guiar la restricción calórica, ni tan sólo existe el acuerdo sobre cuántos o qué tipo de genes deberían formar parte del modelo. Hasta tal punto ha llegado la crítica en el momento de pasar de la teoría a la práctica, de la hipótesis a la realidad, que algunos expertos son del parecer que debería abandonarse su búsqueda y rechazar, definitivamente, la atractiva aunque indemostrable propuesta.

No obstante, este libro no trata de diabetes ni de obesidad. Su objetivo es el envejecimiento y sus razones evolutivas. Así, ¿qué tienen que ver Neel, Reaven y la RI con el abuelo económico y nuestros protagonistas Adán, Eva y sus hijos?

Capítulo 9

# El superviviente perfecto

*«Si todos los individuos, de cualquier especie, tuvieran que sufrir habitualmente hasta el grado máximo, descuidarían la propagación de la especie; pero no hay razones para creer que esto haya ocurrido alguna vez.»*

CHARLES DARWIN, 1876

Hemos visto en diferentes momentos de la obra que la justificación evolutiva del envejecimiento debemos encontrarla en la energía. La existencia de un genotipo ahorrador es una estrategia que optimiza el uso de dicha energía. Así, igual que España está llena de pantanos y embalses para hacer frente a la irregularidad pluvial propia de una región mediterránea, la alternancia en la disponibilidad de alimentos favorece un sistema de almacenamiento energético. Adán y Eva no se conforman, cuando la abundancia de coles se lo permite, con las diez que requieren para su correcto funcionamiento, sino que comen un mayor número de ellas y almacenan la energía sobrante en previsión de lo que pueda pasar en el futuro. No obstante, esta teórica concepción debería cumplir con una serie de requisitos para que la biología evolutiva la aceptara. El primero es que ahorrar energía revierta en mejorar la eficacia biológica, es decir, favorezca la capacidad reproductiva. En caso contrario, la idea del «superviviente perfecto», según la expresión citada en el capítulo anterior y propuesta por BE Levin, no sería más que otro sesgo derivado de nuestras antropocéntricas mentes. A la selección natural no le preocupa lo más mínimo la supervivencia de ningún ser vivo en especial, a no ser que esa supervivencia repercuta en perfeccionar el sistema de transmisión de genes de una generación a otra. Nos decía Weismann que incluso a veces es mejor desaparecer. Por tanto, debemos demostrar que el genotipo ahorrador nos mejora esa eficacia. No podemos olvidar que obtener energía tiene un precio. Hemos visto en capítulos anteriores que, tras muchos años de aceptar que los organismos incorporan la máxima cantidad de energía que les es posible, actualmente se cree que optimizan esa ingesta en función de los riesgos y beneficios que les acarrea. Así, dedicar más tiempo del estrictamente necesario y obtener más alimentos de los requeridos en un momento dado comportan un beneficio pero, a su vez, suponen un coste. Ésta es otra disyuntiva que la selección natural ha tenido que resolver.

Ante todo, el teórico genotipo ahorrador debe estar claramente relacionado con el esfuerzo reproductivo. Es decir, el patrón de ahorro de energía tiene que estar íntimamente ligado al patrón de reproducción. En nuestra especie, este patrón presenta tres estadios bien diferenciados en el caso de las mujeres, mientras que en los hombres las etapas no están tan marcadas. En ambos sexos existe una época pre-reproductiva, otra reproductiva y una tercera postreproductiva que tiene un inicio menos definido en los hombres. En las mujeres, la pubertad define la transición entre la primera y la segunda etapa y la menopausia el paso de la fase reproductiva a la postreproductiva.

Para poder constatar que el genotipo ahorrador se encuentra ligado a la eficacia reproductiva deberíamos observar cómo el esfuerzo de almacenamiento energético difiere en función de estas tres etapas, debido a que los intereses de la selección natural dependen de la edad. Ya vimos cómo, incluso en la población inmortal de Medawar, el esfuerzo reproductivo de las probetas jóvenes debe ser superior al de las probetas viejas. Veamos, pues, de qué manera acumulamos la energía en relación con las etapas reproductivas.

Una de las peculiaridades menos conocida que nos hace distintos del resto de mamíferos es que el recién nacido humano es mucho más obeso que sus parientes primates más cercanos. Nacemos con una cantidad de grasa muy superior a la que nos correspondería por nuestro tamaño y que se ha establecido en un 15 % del peso corporal total, cuando otras especies no alcanzan el 2 %. Así, casi 500 g de los 3 kg de media que pesamos al nacer es grasa. Ello significa que ya antes del nacimiento empezamos a acumular energía, fenómeno muy poco frecuente entre los mamíferos, los cuales no inician el depósito de tejido graso hasta después del parto. Lo curioso no acaba aquí, sino que durante los seis primeros meses de vida continuamos almacenando grasa hasta alcanzar el 25 % de nuestro peso. Se ha calculado que alrededor del 50 % del peso ganado en este período es tejido adiposo, hecho que representa más del 70 % del gasto energético que dedicamos a la formación de tejidos. Así pues, en nuestra especie, el esfuerzo de acumular energía es precoz y muy intenso. Pasados esos seis meses, la cantidad de grasa desciende hasta volver al 15 % del peso corporal alrededor de los 7-9 años, momento en que se inician los cambios que conducirán a la pubertad. En estas etapas tan iniciales ya se observan diferencias en el patrón de ganancia de grasa entre hombres y mujeres. Para cualquier edad estudiada, las niñas mantienen una cantidad ligeramente superior, y a los 10 años poseen unos 2 kg (6 %) más de grasa que los niños.

Existe un intenso debate sobre la idea de si el inicio de la pubertad depende, en parte, de la cuantía de tejido adiposo.

Algunos autores defienden la teoría de que para que comience la vida fértil el cuerpo debe poseer reservas, por lo que la proporción de tejido graso es uno de los gatillos que pondría en marcha los cambios hormonales. El indicador de esa reserva suficiente sería la leptina, la hormona producida por el tejido adiposo y que hemos mencionado cuando hablábamos de la restricción calórica. Recordemos que la leptina se secreta en relación con la cantidad de grasa que hay en el cuerpo, de tal forma que el nivel de esta hormona sería, en último término, el elemento permisivo para el inicio de la pubertad. En cualquier caso, la entrada en la etapa reproductiva comporta otra remodelación en el tejido adiposo que conforma el dimorfismo sexual propio de la edad adulta.

Igual que ocurre en el neonato, la mujer adulta posee una mayor cantidad de grasa en comparación con las hembras de otros primates. Además, una vez ajustado el índice de masa corporal por la altura, las mujeres poseen un 34 % más de grasa que los hombres. Estas diferencias en la cantidad de energía acumulada responden al hecho de que el esfuerzo reproductivo es mucho mayor en la mujer que en el hombre. Ciertamente, durante la etapa fértil la inversión en la reproducción es más predominante. Arking (2007) ha calculado que el coste energético de criar un ser humano desde la concepción hasta que alcanza la independencia para el autoabastecimiento llega a los 12,6 millones de kcal, una cantidad que equivale al 25 % de la ingesta de alimentos de los dos progenitores durante veinte años. No obstante, el esfuerzo no se reparte de manera equitativa, ya que el embarazo y la lactancia corren a cargo de la madre.

El embarazo tiene un coste de 80.000 kcal. La cantidad puede parecer excesiva, pero muchos autores han estimado que no supone un sobreesfuerzo exorbitado. Existen diferentes medidas adaptativas que reducen la carga. Así, las mujeres modifican el metabolismo basal y disminuyen la actividad física. Además, la larga duración de la gestación y el hecho de que parte de la maduración del hijo se efectúe después del parto minimizan todavía más el gasto de producción. Teniendo en cuenta todas estas estrategias, se ha calculado que la necesidad diaria que genera el embarazo es de unas 240 kcal, lo que supone tan sólo un 10 % más de requerimientos en relación con la mujer no gestante. Es decir, la embarazada no debe comer por dos personas, como afirma el dicho popular, sino comer por 1,1 personas.

No sólo no supone una gran carga sino que, de manera sorprendente, durante el embarazo la mujer acumula energía. Y en lugar de utilizarla para afrontar el aumento de la demanda, opta por incrementar la cantidad de tejido adiposo de reserva. La ganancia se inicia alrededor de la sexta semana de gestación, prosigue durante todo el segundo trimestre, período en el cual el 50 % del aumento de peso se debe a la grasa depositada, y se frena en las últimas semanas. Por término medio, la gestante almacena entre 2 y 5 kg de grasa. Se ha estimado que el almacenamiento de energía supone el 40 % del esfuerzo extra del embarazo (mientras que tan sólo el 15 % se atribuye a la formación del feto). Resulta interesante remarcar que este patrón de comportamiento se observa también en habitantes de zonas con malnutrición crónica.

Después del parto viene la lactancia y para muchos expertos este sistema de alimentación, característico de los mamíferos, constituye la parte más demandante de energía de toda la reproducción humana. Se ha establecido que requiere unas 500-700 kcal al día, lo que supone un 25-30 % por encima de las necesidades basales (en el embarazo es el 10 %).

Si ordenamos cronológicamente lo que hemos visto hasta ahora nos daremos perfecta cuenta de la finalidad de las oscilaciones en la ganancia de grasa tanto en el feto y el recién nacido como en la mujer gestante. A su vez, nos será fácil encontrar la ventaja evolutiva y la finalidad de estos períodos de almacenamiento forzado de energía. Los momentos más críticos para la subsistencia de un ser vivo, especialmente si se trata de un ser tan vulnerable como una cría, son las transiciones. El paso de un sistema de alimentación a otro comporta la necesidad de adaptarse a la nueva situación y la incertidumbre de si la recién estrenada fuente energética será suficiente o no. Los mamíferos, en sus primeras etapas de la vida, deben afrontar dos transiciones. La primera se da en el momento del nacimiento con el paso de la alimentación placentaria (cuando todavía están en el seno materno) a la lactancia. La segunda transición se produce unos meses más tarde, con el destete y el paso a la alimentación convencional. Hemos visto que el feto humano empieza a acumular grasa antes del nacimiento y la finalidad es hacer frente a la primera de las transiciones. Así, disponer de reservas en el momento de la disrupción entre la madre y el hijo (el cese de la alimentación placentaria) resulta ventajoso, sobre todo en nuestra especie, en la cual el órgano más preciado, el cerebro, es un gran demandante de energía. El consumo cerebral supone más del 50 % del gasto metabólico total durante el primer año de vida. Por tanto, el «neonato obeso» es una estrategia para amortiguar la posible vulnerabilidad energética debida a la primera transición alimentaria. También hemos visto que la mujer ha almacenado tejido adiposo a lo largo del embarazo. Esta acción se explica por el elevado coste que supone la lactancia. La madre acumula energía para utilizarla en el momento de alimentar a su hijo. Se ha calculado que la energía requerida para la lactancia se obtiene a partir de tres fuentes: la reducción en la actividad física, el aumento en la ingesta (siempre que ésta sea posible) y la utilización de la reserva acumulada durante el embarazo. Algunos estudios sugieren que la movilización de la grasa aporta alrededor de una tercera parte de la demanda. Finalmente, sabemos que durante los seis primeros meses de vida el lactante mantiene el esfuerzo para seguir almacenando energía y este sobreesfuerzo encuentra su razón de ser en el abordaje de la segunda transición, el paso de la lactancia a la alimentación convencional. Así, ese 25 % de grasa depositada amortiguará los posibles déficits en el momento del destete. Esta segunda transición es, si cabe, todavía más peligrosa que la primera, ya que a la posible falta de energía se suman la vulnerabilidad a las infecciones tras el cese de la protección inmunológica de la leche materna.

El genotipo ahorrador en el período reproductivo, esto es, forzar la acumulación de energía por encima de las necesidades reales en un momento dado, incluso hasta el límite de parecer paradójico, como en el embarazo, se justifica plenamente y cumple, como le pedíamos a priori, con la premisa que nos mejora la eficacia biológica. Además, vemos que existe una conexión materno-filial, no limitada al estricto período del embarazo, que favorece la viabilidad de la descendencia a través de modificar el uso y la distribución de los recursos energéticos. Así, en la fase reproductiva la existencia del genotipo ahorrador es compatible con la mejoría de la eficacia reproductiva. A continuación, veremos qué ocurre una vez hemos superado esa fase.

El envejecimiento se acompaña de una profunda modificación de los parámetros de funcionamiento metabólicos. Uno de los cambios más visibles es la remodelación de la composición corporal. A grandes rasgos, podemos dividir los tejidos que componen nuestro organismo en dos grandes categorías. Los formados por grasa (es decir, el tejido adiposo), y que denominaremos *masa grasa* (MG), y el resto, que conocemos como *masa no grasa* (MNG). El principal componente de la

MNG es el músculo. Durante el envejecimiento se observa una franca variación en las proporciones de ambos compartimentos con una reducción de la MNG y un aumento de la MG.

La disminución de la MNG se debe, fundamentalmente, a una pérdida de masa muscular que a edades avanzadas se conoce por la terminología científica de sarcopenia. Este fenómeno es absolutamente dependiente de la edad y provoca una verdadera desestructuración en el balance metabólico de las personas mayores. Para algunos expertos la sarcopenia es la principal responsable de la reducción del metabolismo basal. El músculo es uno de los tejidos más demandantes de energía y, por tanto, su pérdida determina una menor necesidad de consumo. Por otro lado, la sarcopenia define otra de las características principales de los ancianos: la reducción en la capacidad para realizar actividad física. En muchos casos, las personas de edad avanzada no practican ningún ejercicio debido justo a la pérdida de masa muscular. En casos extremos, la sarcopenia provoca una casi desaparición de la musculatura, proceso que da paso al síndrome de fragilidad del anciano.

En los últimos cincuenta años, numerosos trabajos publicados han puesto de manifiesto la ganancia de MG a medida que envejecemos. Muchos autores han intentado cuantificar esa pérdida, aunque resulta imposible estandarizarla. El Fels Longitudinal Study (Guo, 1999) calculó que la MG aumentaba 0,37 kg anuales en el hombre y 0,41 kg anuales en la mujer. Un estudio de VA Hughes publicado en 2002 apuntaba que la cantidad de grasa corporal aumenta un 7,5 % por década en ambos sexos. Más recientemente el mismo grupo de Hughes (2004) ha publicado que, tras un seguimiento de 10 años, los hombres y las mujeres de 60 años ganaban un promedio de 1,2 kg y 1,3 kg de grasa respectivamente. Unos años antes,

LS Piers (1998) describía que los sujetos ancianos tienen de media unos 7 kg más de tejido adiposo que los sujetos jóvenes. Este incremento de MG es todavía más destacable en las mujeres tras la menopausia. De tal manera que la transición entre la fase reproductiva y la postreproductiva se acompaña de un nuevo esfuerzo de acumulación de energía.

Mientras que la ganancia de grasa en la fase reproductiva era fácilmente explicada por la teoría del genotipo ahorrador, el incremento de MG que se sigue observando a medida que se va perdiendo la capacidad reproductiva resulta más difícil de justificar. Parecería más lógico dejar de acumular energía una vez que los individuos relajan la necesidad de invertir en su reproducción, y resultaría mucho más ventajoso dejar de incorporar esa energía para que pudiera ser utilizada por la descendencia, tal como proclama la teoría del abuelo económico. La posible explicación la encontramos en la «hipótesis de los dos tejidos» (Zafon, 2009).

Tradicionalmente, se ha considerado que existen dos tipos de tejido adiposo: el blanco y el pardo o marrón. A lo largo de la presente obra, siempre que nos hemos referido a este tejido aludíamos al primero, ya que está especializado en el almacenamiento de energía. Además, es el componente mayoritario en nuestra especie. Los recién nacidos poseen una pequeña parte de tejido adiposo pardo, pero la cantidad se reduce de manera muy rápida en los primeros meses de vida hasta tener una presencia casi testimonial en los adultos. Al contrario que otras especies de mamíferos, que presentan una proporción mucho mayor de tejido adiposo pardo, especialmente importante en los animales que hibernan. El tejido pardo también constituye un elemento clave en el presupuesto energético de los organismos, pero a diferencia del blanco no es un órgano de depósito sino de disipación de la energía. Las células de este tipo de grasa presentan unas peculiaridades que hacen que en lugar de almacenar la energía que les llega la quemen para generar calor. El tejido pardo es una gran estufa interna que regula la temperatura utilizando como combustible los ácidos grasos.

Más allá de esta clásica distinción entre blanco y pardo, no ha existido otra clasificación de la grasa corporal. No obstante, hoy en día se piensa que el tejido blanco no es absolutamente homogéneo y que, con toda probabilidad, existen diferentes subtipos en función de su localización. La idea empezó a gestarse hace unos años a partir de diversas observaciones llevadas a cabo en medicina. A grandes rasgos, se descubrió que las personas que acumulan cantidades importantes de grasa en la cavidad abdominal son más proclives a padecer enfermedades cardiovasculares. En la actualidad, conocemos como síndrome metabólico la condición caracterizada por la suma de diversas anomalías metabólicas como la diabetes, la hipercolesterolemia, la hipertensión arterial y la obesidad de predominio abdominal. La asociación de todas estas entidades, lejos de ser casual, responde a una causa común, la resistencia a la acción de la insulina, aquel fenómeno que Cahill y Reaven postulaban como alternativa al genotipo de Neel. La hipótesis más ampliamente aceptada es que la grasa abdominal tiene un comportamiento específico que reduce la sensibilidad a la acción de la insulina y a través de ésta se derivan el resto de anomalías, las cuales, todas juntas elevan el riesgo de padecer problemas cardiovasculares. Se desprende de ello que el tejido adiposo de localización abdominal presenta una serie de peculiaridades distintas a las del tejido adiposo de otras áreas.

Atendiendo a su localización, dividimos la grasa blanca en subcutánea, la que se encuentra justo debajo de la piel, e interna. A su vez, esta última se subdivide en visceral y no visceral, y la visceral en torácica, abdominal y pélvica. De manera generalizada, acostumbramos a simplificar la clasificación y catalogamos el tejido adiposo como subcutáneo (TAS) o como visceral (TAV). Además, por su importancia cuantitativa y cualitativa solemos convertir en sinónimos los conceptos de grasa visceral y grasa abdominal.

El TAV presenta una serie de peculiaridades que lo convierten en más nocivo que el TAS. En los últimos años, se ha empezado a vislumbrar dónde radica esta peligrosidad y se ha observado con sorpresa que ambos tejidos difieren de manera notoria. Así, expresan distintos tipos de genes, producen diferentes tipos de moléculas e incluso acumulan y liberan la grasa de forma distinta. Más aún, recientemente se ha propuesto que podría haber un origen embrionario específico para cada tejido. De esta manera, aun tratándose del mismo tejido adiposo, el TAV y el TAS aparecen como dos unidades funcionales totalmente diferenciadas.

Uno de los elementos que caracteriza el dimorfismo sexual entre hombres y mujeres es, precisamente, la diferente proporción entre ambos tipos de tejido graso. Mientras que en las mujeres predomina el TAS y la acumulación se da en la zona de los glúteos y los muslos, en los hombres hay un predominio del TAV con un gran depósito de grasa en la zona intraabdominal. Este patrón de distribución ha llevado a definir el biotipo femenino o ginoide como una distribución de la grasa que recuerda la forma de una pera y el biotipo masculino o androide en el cual el reparto de grasa adopta una forma que parece una manzana. Estas diferencias están presentes en el estadio pre-reproductivo, pero se hacen más evidentes en el estadio fértil y se pierden con la menopausia. Una vez ha finalizado la fase reproductiva la mujer adopta un patrón de acumulación más parecido al de los hombres.

Recuperemos el hilo argumental del capítulo y recordemos que el ahorro de energía que se produce en el feto, en el recién nacido y en la mujer gestante responde a una estrategia compatible con el genotipo ahorrador y de evidente mejora en la eficacia biológica. Por el contrario, en la edad postreproductiva se continúa acumulando energía y no encontrábamos una explicación lógica para dicho comportamiento. Ahora estamos en situación de entenderla.

En el primer caso, el esfuerzo acumulativo del recién nacido y la mujer gestante, el depósito de grasa se realiza principalmente a expensas del tejido subcutáneo. Se ha calculado que el 89 % de la grasa del lactante a los seis meses de vida es TAS. Del mismo modo, el almacenamiento energético que comienza a partir de la segunda mitad del primero y durante todo el segundo trimestre del embarazo se localiza de manera predominante en la zona subcutánea. Por el contrario, en la fase postreproductiva la ganancia de grasa se deposita mayoritariamente en la región visceral. El envejecimiento no tan sólo se acompaña de una pérdida de masa no grasa y de un aumento de masa grasa sino también de una clara redistribución de esta última. El trabajo de Hughes establecía que tras una década de seguimiento, a los 60 años de edad los sujetos habían ganado un 7 % de grasa, pero habían perdido un 17 % de grasa subcutánea. En 2001, De Nino estableció que las mujeres sanas y no obesas aumentan una media de 2,36 cm$^2$ el área del TAV. Otros autores han llegado a conclusiones similares. De modo que cuando el acopio energético está relacionado con la eficacia biológica, es decir, nos mejora el éxito reproductivo, dicha energía se acumula en el TAS, mientras que cuando la ganancia de grasa no tiene ninguna finalidad evolutiva, o como mínimo no está directamente relacionada con la eficacia biológica, la acumulación se da en el TAV.

En el momento actual, existe un enorme interés por investigar qué determina que la grasa se almacene en uno u otro depósito. La íntima relación entre este patrón y la reproducción ha llevado a pensar que probablemente las hormonas sexuales tengan un papel predominante. Ciertamente, existe una correlación temporal entre la forma de acumulación y el nivel de hormonas. Numerosos estudios clínicos y experimentales refuerzan esta hipótesis. Se cree que la concentración de hormonas sexuales femeninas o estrógenos en el interior del tejido adiposo es un factor clave que determina dónde se va a depositar la grasa. Aunque existen diferentes líneas de evidencia en este sentido tomaremos algunos datos como ejemplo.

La síntesis de hormonas sexuales femeninas o estrógenos proviene de la transformación de hormonas masculinas o andrógenos. La molécula que regula esta transformación recibe el nombre de aromatasa. En nuestra especie se ha demostrado la presencia de aromatasa en una gran diversidad de tejidos, sobre todo en el adiposo, tejido que se convierte en la fuente principal de estrógenos en los hombres y en las mujeres después de la menopausia. Así pues, la aromatasa que se expresa en la grasa es un factor determinante de la acción de los estrógenos. Diversos científicos han demostrado que los ratones que carecen del gen de la aromatasa desarrollan una obesidad a expensas del TAV, obesidad que va aumentando en relación con la edad. Asimismo, los pocos casos descritos hasta la fecha de personas con mutación del gen presentan una acumulación excesiva de grasa en la zona abdominal. Resulta interesante remarcar que cuando a los ratones o los pacientes sin aromatasa se les administra estrógenos se produce una redistribución de la grasa: se reduce la de localización visceral y aumenta la subcutánea. Por otro lado, se ha comprobado que la actividad de la aromatasa también difiere en función de la zona donde se encuentra la grasa. Así, en las mujeres es más activa en el tejido subcutáneo de los muslos y los glúteos y menos en el abdomen; sin embargo, este patrón de actividad se modifica con la menopausia. En un trabajo aparecido en 2002, McTernann describía cómo después de la menopausia aumentaba la actividad de la aromatasa en el tejido adiposo visceral mientras que no se modificaba en el subcutáneo. En conjunto, todos estos datos parecen apuntar que la cantidad de estrógenos determina el lugar de preferencia de acumulación de la grasa y que la aromatasa es la encargada (o una de las encargadas) de regular las concentraciones de estrógenos en cada tipo de grasa y para cada fase reproductiva.

Diferentes artículos publicados en los últimos diez años indican que la cantidad de estrógenos determina la ganancia de grasa subcutánea, como mínimo durante el embarazo. Aproximadamente el 50 % de la energía que requerimos en los períodos entre una comida y la siguiente nos la aporta el tejido adiposo a través de la oxidación de los ácidos grasos. En condiciones fisiológicas normales, las mujeres tienen una mayor facilidad para usar esta fuente energética. Pero en el embarazo se produce un cambio sustancial. Un grupo de investigadores australianos, liderados por el profesor O'sullivan (2001), publicó hace unos años que la capacidad de oxidación de los ácidos grasos depende de la cantidad de estrógenos. Los científicos vieron que las mujeres gestantes (y, por tanto, con niveles muy elevados de estrógenos) reducían la oxidación de las grasas, las mujeres no embarazadas pero en edad fértil (niveles intermedios de estrógenos) presentaban una capacidad intermedia de oxidación y las mujeres menopáusicas (niveles bajos de estrógenos) eran las que más capacidad de oxidación tenían. Estos hallazgos han sido interpretados en el sentido de que el bloqueo que hacen los estrógenos para utilizar energía permite no usar la grasa y, como consecuencia, favorecen su almacenamiento.

Como sumario a todo ello podríamos decir que la elevada facilidad para acumular grasa en la edad fértil y en el TAS está favorecida por las hormonas sexuales femeninas, que son las moléculas clave, también, en la viabilidad reproductiva. Por otro lado, a medida que se pierde la capacidad de reproducción y se reduce la cantidad de estrógenos, la grasa deja de acumularse en el tejido adiposo subcutáneo y se concentra en el TAV. Todo ello se sintetiza en la figura siguiente.

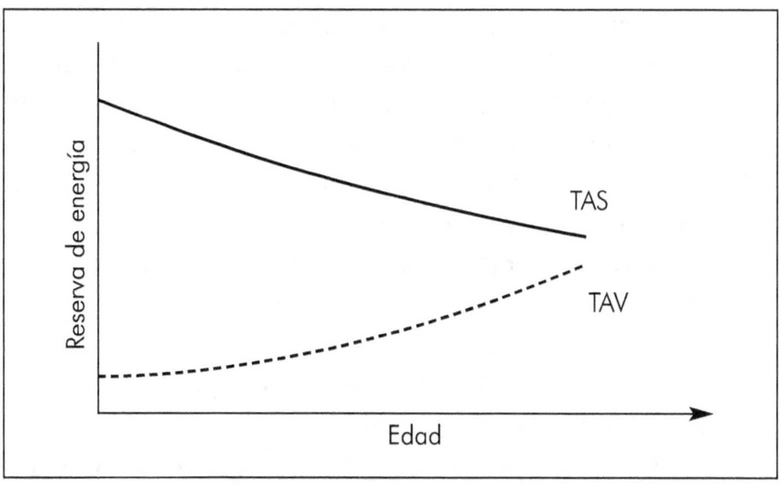


El lugar donde almacenamos la energía se va modificando en función de la edad. En las etapas iniciales de la vida el depósito de reserva más importante es el TAS, mientras que a medida que envejecemos reducimos los depósitos subcutáneos y aumentamos el TAV. Observamos, por tanto, que existen dos patrones claramente diferenciados de fijación de la energía sobrante. El primero, que podríamos denominar patrón subcutáneo, concuerda con una mejora de la eficacia biológica y se encuentra en íntima relación con las hormonas reproductoras. El segundo, en cambio, que denominaremos patrón visceral, es característico de edades avanzadas, con poca obligación reproductiva, y a éste no sabemos encontrarle una motivación evolutiva. Una vez Caín y Abel han nacido, ¿de qué les sirve a Adán y Eva el patrón visceral de depósito energético?

Hasta hace quince años, el tejido adiposo resultaba muy poco interesante a la comunidad científica. Aparte de su papel pasivo para almacenar energía no se le reconocía ninguna otra finalidad. El interés cambió radicalmente en 1994 a raíz de un artículo publicado en *Nature*. Un grupo de investigadores de la Rockefeller University de Nueva York habían descubierto el gen que causaba la obesidad en una cepa de ratones que había sido descrita en los años cincuenta del pasado siglo. El gen codificaba una proteína que se expresaba exclusivamente en el tejido adiposo. Las especulaciones que se hicieron a partir de entonces fueron exageradas, hasta el punto de predecir que la mutación de aquel gen podría ser la causa de la obesidad humana y que, por tanto, nos encontrábamos a un paso de solucionar el problema. Tal fue la euforia que la proteína codificada por el gen fue bautizada como leptina, una palabra que deriva del vocablo griego que significa «delgadez». Hoy en día, sabemos que el papel de la hormona de la delgadez es mucho más complejo y que su contribución en la obesidad humana es marginal. No obstante, el descubrimiento de que los adipocitos, aquellas antipáticas células que sólo servían para almacenar grasa, fueran los fabricantes de leptina replanteó el interés por el tejido adiposo. Han pasado quince años y hemos avanzado mucho en el conocimiento de esas células. Hoy sabemos que el tejido graso, además de participar en la reserva energética de manera pasiva, se erige como uno de los protagonistas de su propia regulación, y que la grasa tiene también otras misiones igual de fundamentales, una de las cuales es absolutamente primordial para nuestra subsistencia: colaborar con nuestro sistema inmunológico.

Queda fuera de toda duda que el tejido adiposo es una estación clave en el funcionamiento de la inmunidad, el sistema de defensa por excelencia de los organismos pluricelulares. El sistema inmunológico es el encargado de hacer frente a las infecciones, así como de luchar contra las células propias cuando éstas se vuelven cancerígenas. Está formado por diferentes tejidos y células, y uno de sus componentes principales es el tejido adiposo, hasta el extremo que A. Schäffler ha sugerido que se incluya como miembro de pleno derecho en la lista del sistema inmune. Muchas de las moléculas que a partir del descubrimiento de la leptina se ha visto que producen los adipocitos pertenecen a la familia de las citocinas, substancias que forman parte del sistema defensivo. Incluso algunos expertos opinan que los adipocitos y los macrófagos (unas de las células fundamentales del sistema inmunológico) tienen el mismo origen evolutivo. Muy recientemente se ha descubierto que la puesta en marcha de todos los fenómenos defensivos ante el ataque de un agente patógeno, que conocemos como inflamación, se lleva a cabo a través de la activación de unas moléculas denominadas TLR (por la denominación inglesa *toll-like receptors)*. Las TLR son especialmente numerosas en el tejido adiposo. Así, la grasa puede ser la iniciadora de todo el proceso inmune.

Ante las numerosas evidencias que hay al respecto, resulta fácil aceptar que el sistema inmune es absolutamente necesario para la supervivencia de los seres vivos, pero al igual que cualquier otra función fisiológica requiere una elevada cantidad de energía para su correcto funcionamiento. En los últimos años, se ha empezado a apuntar la idea de que el sistema de defensa debe ser otro regulador más del metabolismo energético. Veíamos antes cómo la energía debía ser perfectamente distribuida y que, según la teoría de los compromisos, aquello que invertíamos en un aspecto no podíamos invertirlo en otro, motivo por el cual aparecían las constricciones evolutivas. Hacíamos hincapié también en que los teóricos contemplaban que las tres grandes partidas vitales en las cuales debía repartirse la energía eran la reproducción, el crecimiento y el mantenimiento de las células del cuerpo. El sistema inmune forma parte de esta última partida y, por tanto, es lógico que deba participar en el reparto de bienes. Recordemos que, según la hipótesis sobre el envejecimiento de Kirkwood, era la que salía peor parada, ya que sacrificaba sus necesidades en favor de la reproducción. En cualquier caso, la defensa es otro de los grandes pilares que aseguran nuestra supervivencia, más aún durante una evolución que no ha conocido la higiene ni los antibióticos hasta fechas muy recientes. Isabelle Wolowczuk y sus colegas del Instituto Pasteur de Lille, en Francia, revisaban hace poco el esfuerzo energético que requiere el sistema inmune en un artículo publicado en la revista *Clinical and Developmental Immunology*. Los autores destacaban el papel esencial de las grasas en la rapidez y la eficacia con las que debe actuar el sistema. Así, que parte de la respuesta defensiva se encuentre en el tejido adiposo permite la utilización inmediata de la energía que éste tiene en reserva. Cabe destacar que los ganglios linfáticos, los verdaderos centros de control del sistema inmune, se encuentran siempre rodeados de una cierta cantidad de grasa. Además, se ha comprobado que las células grasas que se encuentran en íntimo contacto con los ganglios linfáticos tienen un comportamiento específico y diferente del resto de adipocitos.

El tejido adiposo, más que un acumulador de grasa o un almacén de energía es, en realidad, un gestor de esa energía. En algunas ocasiones, induce la utilización de la reserva para generar calor como hace el tejido adiposo pardo. En otras, prefiere tener la energía en depósito para hacer frente al enorme gasto que supone la reproducción. Aun en otras circunstancias se convierte en el surtidor de carburante para abastecer las tropas defensivas ante la batalla contra el germen enemigo. Esta visión más amplia y general del papel del tejido adiposo es la que, probablemente, mejor casa con los hallazgos que de él se han efectuado en los últimos años y la única que permite inferir su verdadera misión a lo largo de la evolución. Por otro lado, genera algunas dudas acerca de la veracidad de posicionamientos que dábamos por seguros hace apenas una década. La teoría del genotipo ahorrador parece explicar una parte, pero no toda la verdad, sobre el afán acumulador como causa última de la obesidad actual. Ante lo expuesto, aparece como excesivamente simplista. Podríamos aceptarla en la faceta del aprovechamiento energético en el aspecto de, pongamos por caso, la gestación, pero no sabemos la ventaja que nos supone en relación con la eficacia del sistema inmune por ejemplo. Además, englobar todo el tejido adiposo como si se tratara de una unidad indivisible tanto en sus características como en sus funciones se nos antoja también de una simplicidad poco defendible. Hemos comprobado que existen diversos tejidos adiposos y que la grasa ejerce diferentes funciones. A partir de aquí, no resulta descabellado pensar que algunas de esas reservas se hayan especializado en funciones concretas. El caso del TAS es paradigmático. Es el que responde de manera certera a la misión de energía en reserva que pivota alrededor de la eficacia reproductiva. Siguiendo con este razonamiento podríamos hipotetizar que el TAV, cuyo papel en esta vida aún no hemos encontrado, pudiera haberse especializado en otras misiones, por ejemplo en la defensa. Ciertamente, existen indicios que refuerzan esta afirmación. Trabajos muy minuciosos de la doctora Pond, de origen británico, llevados a cabo durante las últimas dos décadas demuestran que el TAV es especialmente sensible al estímulo inmunológico.

La epidemia de obesidad que se extiende por gran parte del planeta no es tan sólo un problema estético. Si fuera así, bastaría con dejar transcurrir unos años para que los modelos vigentes volvieran a cambiar, como ha sucedido a lo largo de nuestra historia en diversas ocasiones. Recuperaríamos las bellezas clásicas y las modelos de Rubens, adaptaríamos las tallas de nuestras ropas y aumentaríamos el diámetro de los cinturones. Pero en ningún caso acudiríamos a nuestros médicos y científicos reclamando una solución al problema. Quizá, en el ínterin del cambio estético, únicamente los cirujanos plásticos verían desbordados sus quirófanos. Por lo demás, sólo cabría esperar. Decía Darwin que la selección natural es tan desmesuradamente superior a los débiles esfuerzos del ser humano como las obras de la naturaleza lo son respecto a las de arte. En una carta aparecida en *The Lancet* en 1995, John Foreyt y Ken Goodrick, del Baylor College of Medicine de Houston, calculaban que el problema de la obesidad se acabaría en el año 2230. Para entonces, decían los autores, el 100 % de los norteamericanos serán obesos. Pero el verdadero problema es que la obesidad es mucho más que una incomodidad estética; en el más amplio sentido de la palabra, es una enfermedad que, además, se acompaña de otras graves enfermedades y que acorta la esperanza de vida.

De las numerosas patologías que se asocian a la obesidad, las más mortíferas son las que, unas páginas atrás agrupábamos bajo el epígrafe de síndrome metabólico. Recordemos que el síndrome se caracteriza por la presencia conjunta de obesidad, diabetes mellitus e hipertensión arterial, entre otras. Todas ellas, agrupadas de forma inseparable, se convierten en una bomba de relojería para padecer trastornos cardiovasculares, que son, a la postre, la principal causa de muerte entre los obesos. Recordemos también que el nexo común del síndrome es el acúmulo de grasa en la zona abdominal, es decir, un exagerado depósito de TAV. Es absolutamente fundamental tener presente este factor, ya que el efecto nocivo de la obesidad va ligado específicamente al depósito abdominal, no al de localización subcutánea. Numerosos estudios publicados en los últimos treinta años demuestran que los obesos en los que predomina la grasa visceral son los que presentan mayores patologías asociadas. De hecho, existe un subgrupo de obesos, que algunos autores norteamericanos denominan «obesos sanos» en los cuales no se observa ninguna de las complicaciones antes mencionadas. Uno de los elementos que los caracteriza es que el depósito abdominal es moderado y en ellos predomina la acumulación subcutánea.

El motivo exacto por el cual el depósito abdominal resulte tan nocivo no es bien conocido, pero existen algunas sospechas. Actualmente, se piensa que uno de los factores determinantes radica en las sustancias que fabrica. La leptina no es la única molécula producida por los adipocitos. Después de su descubrimiento, hace 15 años, han sido descritos numerosos elementos que también son producidos en la grasa. Hace ya algún tiempo que se decidió agrupar todas estas moléculas originadas en el tejido adiposo con el genérico nombre de adipocinas. En los últimos años, diversos laboratorios han analizado el patrón de producción de estas citocinas en distintos depósitos grasos y han llegado a la conclusión de que existen diferencias notorias. Así, por ejemplo, la leptina depende mucho más de su producción en el TAS que en el TAV. De manera característica se ha comprobado que el TAV elabora una gran cantidad de compuestos que activan la respuesta inflamatoria, las denominadas citocinas proinflamatorias. Parece ser que estas citocinas que estimulan la respuesta inmune serían las responsables de los efectos patológicos asociados al acúmulo abdominal. Diferentes estudios clínicos confirman esta suposición al detectar mayores cantidades de citocinas proinflamatorias en personas obesas y con síndrome metabólico. Por tanto, se cree que mientras que la activación puntual del sistema inmune para hacer frente a un ataque de gérmenes externos resulta altamente beneficiosa, la activación permanente y exagerada del sistema acaba siendo perjudicial. Este concepto ha llevado a definir la obesidad de predominio abdominal como una enfermedad inflamatoria y hay quien se refiere a ella como *obesitis*.

La tríada obesidad-inflamación-síndrome metabólico es, en el momento actual, uno de los campos, junto con el cáncer, al cual se destina un mayor número de recursos humanos y económicos para su investigación, ya que supone uno de los problemas de salud más acuciantes. No obstante, para nuestro relato lo que nos interesa remarcar es un aspecto colateral del problema. A lo largo de este capítulo hemos visto que existen dos importantes depósitos de reserva de grasa que difieren no sólo en su localización sino también en su función principal. El TAS es un depósito subcutáneo que almacena energía, que se ajusta a lo que pedíamos de él como reserva que mejora la eficacia biológica y que, por tanto, se convierte en el ejemplo perfecto del genotipo ahorrador en aras de mejorar la supervivencia. Por otro lado, el TAV es un tejido al que no sabíamos encontrar su ventaja evolutiva como órgano de reserva ligado a la eficacia biológica. En estas últimas páginas, sin embargo, hemos visto que, probablemente, su finalidad va enfocada a otra gran necesidad: la defensa. Así, es lógico entender cómo la gran cantidad de citocinas que produce vayan todas ellas encaminadas a tal fin. Hoy en día, la acumulación excesiva de grasa de la opulenta sociedad occidental ha desbordado su límite y se ha convertido en la causante del síndrome metabólico. En resumen, tenemos dos tejidos subespecializados que manejan la energía de manera similar, pero que la invierten en dos de las propiedades esenciales de los seres vivos: la reproducción (el TAS) y la defensa (el TAV).

Resulta interesante remarcar que el papel de «energía reproductiva» del TAS se ha extrapolado también a la vertiente cultural propia de nuestra especie. No hay ninguna duda de que el aspecto externo de nuestro cuerpo depende en gran medida de la grasa subcutánea que poseemos. Ella marca nuestra silueta. Durante miles de años, el modelo estético femenino ha estado ligado a una relevancia del tejido subcutáneo. Desde la representación de las antiguas diosas de diferentes culturas, hasta los cuadros de pintores relativamente recientes, la perfección femenina se ha asociado con muslos, glúteos y senos prominentes, es decir, con un hipertrofiado SAT. Algunas culturas ancestrales mantienen todavía esta concepción; así, entre las mujeres Hotentotes, la cantidad de grasa acumulada en la región glútea marca el canon de belleza, fenómeno conocido como esteatopigia. Muchos autores han visto en este modelo un trasfondo evolutivo, concretamente en relación con lo que se denomina selección sexual. Así, las mujeres con mayores reservas de tejido adiposo subcutáneo ofrecerían mayores perspectivas de éxito reproductivo, es decir, una mejor eficacia biológica, hecho por el cual este rasgo se habría integrado como reclamo para el sexo masculino. Por ello, la distribución de la grasa corporal se ha convertido en un carácter sexual secundario.

Pero todavía nos quedan algunas cuestiones por resolver. ¿Por qué a medida que envejecemos pasamos a almacenar energía de TAS a TAV? ¿Y por qué durante la senescencia la naturaleza decide seguir guardando esa energía en el reservorio defensivo? Ambas cuestiones nos las pueden resolver nuestros protagonistas Adán y Eva y su estrategia del abuelo económico.

En el momento en que Adán y Eva decidieron utilizar la estrategia del abuelo económico debieron remodelar una gran parte de su metabolismo para cumplir con el supuesto obligatorio de consumir menos recursos a medida que envejecían. Esta remodelación les condujo a un dilema en el sentido de hacer compatibles los cambios necesarios con la otra estrategia, también útil, del genotipo ahorrador. Esta última, como hemos analizado ampliamente, les mejora la eficacia reproductiva, pero supone acumular energía que, además de inservible en un momento dado, luego no puede ser aprovechada por su descendencia. Una primera opción es limitar el recurso del genotipo ahorrador a la fase reproductiva. Es decir, utilizar esta maniobra de forma temporal, y no de manera genérica a lo largo de toda la vida. Esta noción, que no ha sido considerada por los investigadores, resulta primordial para comprender el significado exacto de lo que se define como el superviviente perfecto. La estrategia del genotipo ahorrador tan sólo tiene su razón de ser desde el punto de vista evolutivo cuando se expresa plenamente durante el tiempo en el cual el organismo aprovecha esta maniobra de acumular energía, esto es, en la etapa fértil. Para ello, la sacrificada Eva, que es la que corre con la mayor carga en la tarea reproductiva, hace depender el acúmulo energético de las hormonas sexuales. Mientras las hormonas se encuentren dentro del perfil característico de la fase reproductiva, Eva almacenará energía en el TAS para mejorar la eficacia reproductiva. Cuando cese su capacidad de tener descendencia y modifique su perfil hormonal, el tejido adiposo subcutáneo dejará de captar energía.

Aparte de lo dicho, existe un problema relacionado con los sistemas fisiológicos de control. Absolutamente todas nuestras funciones vitales se rigen por un mecanismo regulador cuya finalidad denominamos homeostasis. Este concepto fue introducido por el fisiólogo francés Claude Bernard en el siglo XIX, pero el término fue acuñado por el científico norteamericano Walter B. Cannon. Expresa la tendencia de los sistemas biológicos para mantener un estado de equilibrio. Así, podemos hablar de homeostasis de la temperatura, cuando nos referimos a que existen diferentes mecanismos que regulan la temperatura corporal para mantenerla, en nuestro caso, alrededor de los 36,5 ºC. Este funcionamiento supone la existencia de vías de control de acción antagónica. En el caso de la temperatura, debe haber vías que la aumenten y otras que la reduzcan, y la acción de cada una de ellas predominará en función de las circunstancias para dar el resultado final deseado. La cantidad de grasa acumulada debe regirse por este mismo principio. Así pues, a pesar de que el genotipo ahorrador, aún limitado a la edad fértil, es útil, la cantidad final de energía acumulada no puede ser infinita. Resulta evidente que, en épocas pretéritas, un organismo exageradamente obeso en medio de la naturaleza hubiera sido presa fácil para sus predadores. Por ello, el depósito de energía está dirigido por dos sistemas contrapuestos. Por un lado, un conjunto de hormonas y otras moléculas que inducen al organismo a incorporar energía (por ejemplo, abriéndole el apetito); por otro, un grupo de hormonas y otras sustancias con una función inversa (por ejemplo, aumentar la actividad física o desencadenar la respuesta de saciedad). Para que el sistema esté perfectamente orquestado debe haber una interconexión entre ambos grupos y una supervisión por parte de un órgano regulador. Hoy en día, empezamos a conocer quién dirige la homeostasis de la reserva de energía. La responsabilidad recae en una pequeña zona del cerebro denominada hipotálamo, que se encarga también de dirigir otros balances homeostáticos. El hipotálamo recibe la información sobre el estado de los depósitos y actúa en consecuencia. Cuando los depósitos están vacíos, desencadena la producción de moléculas que fuerzan a ingerir alimentos y a reducir el gasto. Por el contrario, cuando los depósitos están demasiado llenos, estimula la secreción de otro tipo de substancias cuya finalidad es frenar la incorporación de nutrientes y, si es necesario, forzar su eliminación.

La homeostasis energética se encuentra perfectamente integrada en la función reproductiva, no sólo por el papel de las hormonas sexuales sino también por la contribución de otras muchas moléculas, entre ellas la leptina. Eva, en su etapa fértil, reajusta el sistema y lo hace todavía más sensible durante el embarazo y la lactancia. Podríamos decir que modifica el termostato en función de los intereses de cada momento. Hemos analizado que el genotipo ahorrador es especialmente intenso durante gran parte de la gestación, como si en ese período el hipotálamo aumentara la permisividad con la finalidad de aceptar que se almacene más energía. Es decir, el centro regulador pierde la capacidad de mantener el equilibrio. Ello no es fácil, se requiere hacer alguna trampa, engañar de cierta manera el centro de coordinación para decantar la balanza del equilibrio, desplazar el fiel hacia uno de los lados. Probablemente, las hormonas sexuales son las encargadas de engañar al sistema. Se ha observado que durante el embarazo el hipotálamo pierde sensibilidad a la acción de la leptina, la principal molécula encargada de comunicarle el estado de reservas periféricas. Como si le dijera que se encuentran más vacías de lo que en realidad están para que se generen respuestas equivocadas y así poder aumentar el depósito. Éste es el problema de los sistemas homeostáticos, son demasiado efectivos y a veces hace falta ser un poco más flexible.

La tercera premisa que, según Barry E. Levin, debería cumplir el superviviente perfecto es poder restaurar los depósitos energéticos que ha perdido en el período de escasez cuando vuelve a tener la comida a su alcance. En el momento en que Adán y sobre todo Eva pierden la capacidad de procreación y ejecutan el programa de ahorro que hemos denominado del abuelo económico, esta tercera condición, es decir, la homeostasis energética, se convierte en un problema. Cada vez que vacían el depósito, el hipotálamo fuerza a que vuelva a llenarse, obliga a nuestros protagonistas a ingerir más coles. Esta maniobra entra en claro conflicto con la estrategia de reducir la ingesta para que los recursos externos puedan destinarse a Caín y Abel. Es aquí cuando encontramos una posible explicación del cambio de lugar donde almacenamos la energía.

El TAS tiene un exquisito sistema de regulación. El balance energético se encuentra perfectamente regulado cuando el depósito que entra en juego es el subcutáneo. Así, el hipotálamo, el TAS y las vías que los enlazan se ajustan a una homeostasis en extremo sensible. Cuando el TAS se vacía, el sistema regulador se activa para que vuelva a llenarse y viceversa. En cambio, el TAV no ofrece el mismo grado de sensibilidad. Se ha demostrado que la conexión entre los depósitos viscerales y el hipotálamo es disfuncionante, debido, probablemente, a las adipocinas específicas que produce este tipo de grasa. Así, sucede que se puede llenar sin que se haya vaciado y, sobre todo, se puede vaciar sin que se estimule el mecanismo necesario para restituirlo. Se ha observado también que las grasas acumuladas en el TAV se movilizan con dificultad, de tal manera que representa un sistema de depósito poco operativo. Durante muchos años se ha intentado buscar una razón a por qué el tejido adiposo visceral no se rige por un sistema homeostático tan perfecto como lo hace el subcutáneo. La explicación la encontramos en la hipótesis del abuelo económico. El paso de acumular energía en el TAV en lugar del TAS cuando se supera la etapa reproductiva forma parte de esta estrategia de ahorro. A diferencia de lo que ocurre con el TAS, cuando el TAV se vacía, debido a que no muestra una homeostasis adecuada, no fuerza al hipotálamo a que lo vuelva a rellenar, con lo que no obliga al organismo a ingerir más coles salvajes. En el momento en que la reserva es visceral se rompe el equilibrio en el balance energético y se bloquea la respuesta de tener que incorporar más energía para compensar la pérdida del depósito. La disfunción del TAV nos limita la extracción de recursos externos. Así, nos damos cuenta de que el cambio de depósito se convierte en un elemento fundamental de la estrategia del abuelo económico.

El TAV nos evita la actitud fisiológica de compensación y con ello la obligación de rellenar el depósito. En las fases postreproductivas, el objetivo es la descendencia y el genotipo económico vira hacia ella. A partir de entonces, es más beneficioso que la energía quede en el medio externo para que los descendientes puedan disponer de ella, en vez de incorporarla como reserva y convertirla en inservible. No obstante, si en algún momento el recurso es suficiente, tenemos la oportunidad de almacenar cierta cantidad, cuya finalidad ya no será la reproducción sino la defensa, siempre necesaria, por lo que pasamos de almacenarla en el TAS a hacerlo en el TAV.

Adán, pero sobre todo Eva, juegan con la energía con la única finalidad de mejorar la viabilidad de Caín y Abel. Mientras los dos pequeños son sólo proyectos o se encuentran en una fase tan incipiente de sus vidas que son incapaces de alimentarse por ellos mismos, los progenitores almacenan energía para ofrecérsela directamente. Cuando los descendientes han crecido y los padres han perdido la capacidad de reproducirse, el depósito energético de Adán y Eva pierde todo su sentido, el genotipo ahorrador deja de ser útil, el superviviente ya no hace falta que sea perfecto y entonces la energía es más útil fuera que dentro. Resulta más efectivo dejarla en el medio que acumularla en el tejido adiposo de los padres. Así quedará a disposición de los hijos. El genotipo ahorrador deja paso al abuelo económico, para ello el TAS cede todo su protagonismo al TAV. Por eso a medida que se envejece se pierde grasa subcutánea y se gana grasa abdominal. También por eso Adán y Eva pierden su silueta forjada por el tejido subcutáneo y se remodelan con una silueta de abdomen prominente pero piernas delgadas. Todo por el bien de la descendencia. Y es por eso, quizá, que a este nuevo perfil le llamamos la curva de la felicidad.

# Capítulo 10

# Notas finales

*«La biogerontología interacciona con todos los dominios
de la biología a todos los niveles de análisis, desde las
moléculas hasta las poblaciones. Añadamos a este menú
la mezcla de vías de investigación psicosocial,
y tendremos una labor prácticamente imposible.»*

GEORGE M. MARTIN, 2000

## Recapitulemos

La presente obra propone que el envejecimiento constituye una etapa especial de nuestra vida regida genéticamente y cuya razón de ser es mejorar la viabilidad de la descendencia. Es un «modo ahorro», un programa que compatibiliza dos situaciones aparentemente antagónicas. Por un lado, continuar con vida más allá del momento de alcanzar la cuota reproductiva y no desaparecer como los salmones del Pacífico. Por otro, convivir con la descendencia sin entrar en conflicto con ella por los escasos recursos del entorno.

Pero envejecer no es nada de lo dicho. El lector podrá objetar que en ningún momento ha encontrado una explicación acerca de por qué se nos cae el cabello, nos aparecen las canas o se nos arruga la piel. ¿Qué tiene que ver la eficacia reproductiva con la osteoporosis, la pérdida de visión o la sordera del anciano? Probablemente, aquí estriba el último de los sesgos, de las ideas preconcebidas o de los prejuicios que analizábamos en el capítulo segundo. Las canas o la osteoporosis no aportan ninguna ventaja evolutiva. La selección natural no ha dispuesto que se nos arrugue la piel o la presbicia porque ello mejore la eficacia biológica. No somos supervivientes más perfectos por el hecho de llevar audífonos y andar con bastón. Los efectos visibles, palpables y evidentes del envejecimiento son, tan sólo, la consecuencia, desagradable si se quiere desde el punto de vista subjetivo, del «modo ahorro». Adán y Eva necesitan reorganizar todo su funcionamiento interno si quieren seguir con vida aun a pesar de reducir su ración de coles salvajes. En esa remodelación, en el ajuste del presupuesto energético es donde encontramos los aspectos más visibles de la senescencia. Son los efecto secundarios, los fenómenos colaterales que, por más evidentes y desagradables, no nos dejan ver el verdadero motivo del proceso. Resultaría excesivamente largo dar cuenta de cómo estos fenómenos visibles pueden explicarse a partir de la teoría del abuelo económico, pero vamos a detenernos en algunos ejemplos.

Desde hace unos años se da una importancia creciente a los cambios que aparecen en el sistema inmunológico durante el proceso de envejecer, hasta el punto de acuñar el neologismo «inmunosenescencia» para definir una nueva teoría mecanicista. Uno de los culpables de esta visión es el investigador C. Franceschi, quien propuso hace poco más de una década una hipótesis que denominó *Inflamm-aging* (Franceschi, 2000). Según el científico italiano, el fenómeno de inflamación es absolutamente necesario como parte del arsenal defensivo frente a la infección de patógenos externos, sobre todo durante nuestra etapa reproductiva. No obstante, la exposición mantenida a estos gérmenes, principalmente a determinados tipos de virus, induce a un estado de inflamación crónica. La mayor longevidad provoca que vivamos mucho tiempo en esta situación y sus efectos no habían sido previstos por la naturaleza cuando la esperanza de vida era muy inferior. Diferentes trabajos llevados a cabo por el grupo del profesor Franceschi y por otros grupos han demostrado que un estado prolongado de inflamación, aunque de baja intensidad, genera una serie de lesiones que se asemejan mucho a diversos cambios observados en el anciano (Franceschi, 2007). Por otro lado, la analítica de las personas mayores corrobora que poseen unos valores elevados de algunos marcadores de inflamación. Finalmente, se ha comprobado que las personas más longevas, los abuelos centenarios, tienen, además de los marcadores proinflamatorios, otros marcadores antiinflamatorios que compensarían, en parte, el efecto deletéreo de los primeros y que podrían justificar su elevada supervivencia. Hemos visto que la posible explicación a este estado de hiperinflamación es el aumento de grasa visceral, especialmente proclive a producir adipocinas que favorecen el sistema inmune. Además, este incremento de grasa visceral responde claramente al programa ahorro del abuelo económico, de modo que la teoría del *Inflamm-aging* de Franceschi de corte mecanicista resulta compatible con la propuesta evolucionista objeto de este libro.

En relación con este estado favorecedor de la inflamación y el aumento de grasa visceral, cabe destacar otro factor que subyace en algunos de los cambios que se producen durante el envejecimiento. Desde hace más de cincuenta años, se sabe que la senescencia se acompaña de una reducción de los tejidos orgánicos a la sensibilidad de la insulina. Este fenómeno se denomina resistencia a la insulina y lo hemos discutido en páginas anteriores. La resistencia a la insulina forma parte del síndrome metabólico y es la base de la diabetes mellitus que aparece en la gente mayor. No obstante, incluso en los ancianos que no acaban siendo diabéticos se observa una pérdida de acción de esta hormona, fenómeno que se denomina *resistencia a la insulina fisiológica del envejecimiento*. Algunos autores han analizado su posible sentido evolutivo. Se ha propuesto que podría tratarse de un mecanismo adaptativo a épocas de hambre (Wendorf, 1991) o una optimización del propio sistema inmune (Fernández-Real, 1999). Quizá, la teoría más ampliamente difundida fue la expuesta por Brand Miller y Colagiuri (1994). Los autores apuntaban que la principal fuente nutritiva de los homínidos más primitivos era la fruta que recolectaban de los árboles. Ello comportó que su sistema alimentario se adaptara a una dieta muy rica en hidratos de carbono. Pero cuando el clima cambió y se redujeron las regiones tropicales, nuestros antepasados disminuyeron la ingesta de azúcares y tuvieron la necesidad de empezar a cazar animales. De este modo, pasaron rápidamente de una dieta fundamentada en los hidratos de carbono a otra en la cual las proteínas se convertían en el principal soporte nutritivo. Para Brand Miller y Colagiuri la resistencia a la insulina fue la modificación fisiológica que les permitió adaptarse al cambio. Por este motivo, bautizaron su teoría como la hipótesis de la «conexión carnívora».

La propuesta del *Inflamm-aging* de Franceschi o la resistencia a la insulina fisiológica del envejecimiento, fuere cual fuere su motivo evolutivo, son dos ejemplos que explican cómo los cambios naturales producidos en el envejecimiento se traducen en los hallazgos más visibles que podemos observar a simple vista. Recordemos que ambas situaciones tienen su origen, en parte, en el fenómeno de redistribución de la grasa corporal que se observa a medida que se envejece y que responde a la propuesta del abuelo económico.

En el fondo de todas estas transformaciones se encuentra «una reorganización metabólica en edades postreproductivas» la cual, a su vez, es la esencia de la teoría. Ya hemos analizado de qué manera ocurre y cuáles serían los objetivos del cambio. También desde el punto de vista experimental y en distintas especies animales se ha comprobado cómo dicha reorganización es un fenómeno casi universal que va ligado a la edad, al proceso de envejecer y a la propia longevidad. Stephen S. Lin y colaboradores publicaron en 2001 que la modificación en la capacidad de almacenamiento energético es un marcador de envejecimiento en el gusano. Los autores concluyen que la idea de que a medida que envejecemos nos volvemos más *conservadores* es demostrable genéticamente y parece un rasgo universal en todos los seres pluricelulares. Para Valter D. Longo y Caleb E. Finch (2003), la reorganización metabólica hacia conductas más ahorrativas se encuentra en la base de todas las vías genéticas que regulan la longevidad.

Para muchos científicos, las modificaciones que se producen durante la senescencia son enormes, pero se pueden resumir en un concepto: *el desequilibrio sutil*. La vejez se caracteriza por una pérdida en los mecanismos reguladores de la homeostasis. Los agentes agresores superan, aunque sea de manera muy tenue, los mecanismos defensivos y con el paso de los años, la pequeña bola de nieve va creciendo hasta alcanzar, en el valle de la senectud, una fuerza imparable y un tamaño descomunal. Ese desequilibrio sutil es, a la postre, el que acaba desestructurando, reduciendo y desencajando las células que constituyen nuestros cuerpos. En esa desorganización y en esa pérdida es donde, finalmente, debemos encontrar la causa de la presbicia, las canas y la osteoporosis. Y el objetivo de este libro ha sido intentar demostrar que el desequilibrio sutil no es casual, sino que se trata de una potente estrategia de la naturaleza para conseguir que todos los Adanes y todas las Evas puedan sobrevivir más allá de su edad reproductiva. Ello les permite convivir con su descendencia y, de esta manera, seguir velando por ella. Entendido así, el envejecimiento no es, como apuntaba hace más de veinte siglos Cicerone, una fase de pérdida, sino un gran regalo que nos brinda la selección natural.

## La hipótesis frente a las otras teorías

- **Weismann**
  Uno de los puntales del razonamiento pionero de August Weismann era que los individuos de mayor edad, aunque pudiéramos aceptar que fueran inmortales, han perdido parte de su vitalidad. Fruto de accidentes, enfermedades u otras condiciones, los elementos más viejos resultan menos eficientes y acaban siendo una molestia. En lugar de contribuir en la mejora de la comunidad se convierten en un estorbo. Para Weismann, es mejor desaparecer que molestar, y por ello la selección natural opta por eliminar, en lugar de mantener, los individuos envejecidos. Ya hemos analizado los motivos de la crítica al planteamiento del científico alemán. No obstante, la teoría del abuelo económico aprovecha este principio fundamental para desarrollar su hipótesis. Ciertamente, los elementos más viejos, es decir, los que han cumplido con su cuota obligatoria de descendencia, se convierten en un estorbo que en nuestra hipótesis focalizamos en el gasto energético que supone alimentar individuos que ya no aportan nada a la eficacia biológica. En este sentido, el razonamiento de Weismann nos sirve como punto de partida.

- **Medawar**
  A grandes rasgos, la propuesta de Medawar y también la de Williams y la aportación de Hamilton nos marcan las

reglas del juego a las que la selección natural debe someterse. Esto es, la actitud que tiene que tomar ante cada uno de los protagonistas en el conflicto de intereses entre progenitores y descendientes. Los segundos son intocables, por cuanto sólo puede actuar favoreciendo su eficacia biológica y nunca debilitándola. Los progenitores, en cambio, no se encuentran sometidos a un control tan rígido, las fuerzas de la selección natural se debilitan en relación con la edad y así incluso puede permitirse la libertad de ensombrecer su eficacia si el resultado final resulta ventajoso para la progenie. Por ello, ante el conflicto por los recursos energéticos, la selección tan sólo puede jugar con los progenitores y no con los descendientes. Este marco de actuación, la acotación del campo de batalla y las reglas generales en el conflicto, es lo que se desprende de las ideas de Medawar y lo que nos autoriza a plantear la hipótesis del abuelo económico. La teoría de la «acumulación de mutaciones» actúa como factor permisivo.

- **Williams**
Recordemos que la teoría del pleiotropismo antagónico nos dice que existen genes beneficiosos en los organismos jóvenes que acaban convirtiéndose en genes perjudiciales en los organismos de más edad. La selección natural los habría seleccionado por su primer efecto, mientras que el envejecimiento sería la consecuencia del segundo. En un artículo reciente propuse la idea de que los genes de Williams podrían haber sido seleccionados tanto por sus efectos en las formas juveniles como por sus efectos en las formas maduras, es decir, que se han favorecido, activamente, ambos efectos antagónicos (Zafon, 2006). Así,

la mejoría en la eficacia biológica y los fenómenos deletéreos de la senescencia formarían parte de una gran estrategia conseguida a partir de un mismo grupo de genes. Con ello, estos genes antagónicos dejarían de ser un mero capricho de la naturaleza (ahora se comportan como el Dr. Jekyll para luego transformarse en Mr. Hyde) para convertirse en unos elementos básicos de las estrategias vitales. Desde esta óptica, los efectos nocivos deberían ser considerados también positivos, acorde con el sugerido concepto de «protagonismo pleiotrópico» (Sonnebon, 2005). Así, el concepto de Williams actúa como posible factor ejecutor.

También es posible que atribuir el efecto beneficioso inicial para derivar en un fenómeno deletéreo posterior no sea más que otro *lapsus* del sesgo emocional, que nos conduzca a aceptar la intervención de la selección natural en el primer caso, pero negarla en el segundo.

El ejemplo que hemos utilizado para demostrar la existencia de genes de Williams, el de la proteína p53, nos resulta también paradigmático como ejemplo de este posible «protagonismo pleiotrópico» y de cómo el envejecimiento es la otra cara de la moneda de las acciones iniciales que mejoran la eficacia biológica. Hemos visto que la proteína actúa como barrera defensiva frente al riesgo de contraer cáncer, pero que acelera la velocidad de envejecimiento. Curiosamente, ambas acciones se encuentran íntimamente relacionadas. En el momento en que la proteína detecta una célula susceptible de transformarse en cancerosa, pone en marcha una serie de mecanismos con la finalidad de impedir que se reproduzca y propague el defecto. A su vez, activa los mecanismos reparadores para que solucionen el problema. Si la célula es curada, se le autoriza a reiniciar su ciclo vital, en caso contrario, puede sufrir dos posibilidades: si la lesión es grave se activan unos mecanismos de autoeliminación, conocidos como apoptosis, el sistema que proponía Skulachev; pero si la lesión es menos grave se le permite vivir, aunque no reproducirse, es decir, se la somete a una especie de castración, para que no sea capaz de transmitir el mismo defecto a las células hijas. Este concepto se denomina senescencia celular y el mecanismo por el cual se desarrolla se encuentra en íntima relación con la teoría del límite replicativo propuesta por Hayflick. Vemos, pues, cómo una hipótesis evolucionista y otra mecanicista pueden encontrarse y formar las dos caras de una misma moneda.

- **Kirkwood**
Podemos dividir las células de los individuos en dos grandes grupos: las germinales y las somáticas. Ante el compromiso energético, la selección natural favorece la fertilidad al mantenimiento. Estos dos supuestos configuran la base de la hipótesis del soma perecedero. Si las analizamos en profundidad, constatamos que Kirkwood nos habla del enfrentamiento por los recursos energéticos entre las células germinales (fertilidad) y las células somáticas (mantenimiento) o, lo que es lo mismo, de una visión particular y a nivel celular del conflicto entre progenitores y descendientes de la hipótesis del abuelo económico. Visto de esta manera, ambas propuestas convergen en la idea de compromiso entre las células que todavía no han transmitido su legado genético con aquellas que ya lo han hecho. De ser ciertas las afirmaciones, nos encontramos finalmente con el núcleo elemental, el primer copo de nieve, de uno de los problemas funda-

mentales que ha modelado una gran parte de las estrategias vitales. Ese punto de partida primordial es la eterna lucha entre el hoy y el mañana o, basándonos en la visión genecéntrica de Dawkins, una batalla entre los genes presentes y los genes futuros. Ambos necesarios, ambos obligados a entenderse, ambos forzados por la selección natural, pero ambos, también, conviviendo al mismo tiempo, compartiendo un único espacio físico y sobreviviendo en el mismo entorno energéticamente limitado.

No obstante, la teoría del soma perecedero y la del abuelo económico no son iguales en la manera en cómo intentan dar forma a ese compromiso. Mientras que la propuesta de Kirkwood acepta la intervención de la selección natural en uno de los bandos (el de la reproducción, o el de las células germinales, o el de los genes futuros), dejando el otro al ostracismo de una evolución por defecto, el planteamiento aquí propuesto la hace partícipe en ambos lados, matizando el enfrentamiento, escrutando cada minuto del juego y decidiendo el final del partido y el resultado más adecuado. El objetivo final es siempre el mismo, la eficacia biológica, pero los genes presentes no finalizan su jornada laboral cuando alcanzan la edad reproductiva, tienen un contrato más duradero, aunque con unas condiciones diferentes.

## Una cuestión final

La pregunta esencial que sólo ahora estamos en condición de analizar con más criterio es: ¿cuándo empezó el envejecimiento? El problema del origen del envejecimiento, entendido como el paso fisiológico previo a la muerte, nos conduce a otra incertidumbre de cariz científica y filosófica: ¿por qué no somos inmortales? Desde la óptica científica, los expertos han intentado encontrar las razones por las cuales la selección natural ha preferido unos seres extinguibles. Weismann ya fundamentaba parte de su teoría en este concepto y Medawar lo utilizaba para demostrar su innecesaria razón de ser.

Se ha sugerido que los «fenotipos inmortales» debieron existir por defecto y que la mortalidad es un fenómeno evolucionado adquirido por las células eucariotas, que se encuentra íntimamente ligada a la aparición de la reproducción sexual (Macierira-Coelho, 2003). Resulta interesante remarcar que en los organismos eucariotas unicelulares más simples se observa una evolución de la inmortalidad hacia la mortalidad en función de la disponibilidad de nutrientes. La predilección por la mortalidad ha sido explicada mediante diversas teorías, la mayoría de las cuales incluyen el envejecimiento como elemento decisivo en el nuevo fenotipo.

Al igual que la mortalidad, se considera que el envejecimiento también es una característica de las células eucariotas. Hace apenas unos pocos años que se acepta la existencia del envejecimiento en organismos unicelulares no eucariotas. La afirmación se fundamenta en la demostración de que estos seres exhiben diversos rasgos característicos de la senescencia, como una reducción en la eficacia metabólica, una disminución en la producción de descendencia y un aumento de las probabilidades de muerte asociado a la edad (Stewart, 2005). Hemos visto que esta nueva visión, más amplia y todavía más universal del proceso, obliga a acercar su origen evolutivo al propio inicio de la vida. De esta forma, las teorías más modernas apuntan que el origen del envejecimiento se remonta a una época previa a la aparición de las células eucariotas, cuando la Tierra estaba poblada sólo por organismos unicelulares.

No obstante, resulta obvio que el «envejecimiento unicelular» mantiene evidentes diferencias con el que se observa en organismos más complejos. Ello ha conducido a proponer una acepción más genérica que pueda abarcar a todos los organismos que envejecen.

La reproducción de cualquier ser vivo conlleva la cesión de parte de sus estructuras a la descendencia. Si se trata de un ser que envejece, cabe esperar que propague también una fracción de sus estructuras envejecidas. No obstante, los organismos pluricelulares mantienen una estrategia de reproducción asimétrica. Esto es, las estructuras viejas permanecen en el «individuo padre», mientras que el «individuo hijo» obtiene nuevas estructuras. Así, después de un ciclo reproductivo, en las especies que envejecen diferenciamos dos tipos de integrantes: padres envejecidos e hijos rejuvenecidos (en relación con el estado previo de reproducción). Esta distinción nos permite afirmar que los miembros de esa especie envejecen.

En los seres unicelulares el tema es más complejo. La célula madre se divide en dos células hijas, ambas aparentemente indistinguibles. Sin embargo, de manera sorprendente, en estos organismos también se da una reproducción asimétrica. Es decir, las estructuras envejecidas de la célula madre no se reparten de manera equitativa entre las dos células hijas (50 % para cada una de ellas), sino que una se lleva la mayor parte. Mediante sofisticadas técnicas de laboratorio se pueden diferenciar la célula envejecida y la célula rejuvenecida, evidenciando la presencia del envejecimiento en estos organismos tan simples.

En un artículo reciente, Ackermann y colaboradores (2007) analizan las consecuencias de la reproducción asimétrica en seres unicelulares y su posible justificación evolutiva. Inicialmente, podría pensarse que la estrategia resulta neutra desde el punto de vista de la supervivencia y de la eficacia biológica, dado que la célula que acumula el mayor daño reduce ambas variables, que se ven compensadas por la ganancia de la célula rejuvenecida. No obstante, la progenie de la célula menos dañada, la más favorable a la supervivencia, también heredará menos estructuras envejecidas, con lo que su propia reproducción será más favorable. Así, la calidad de la descendencia que sobrevive a la reproducción en la generación siguiente será superior. Bastan dos generaciones para encontrar una clara ventaja evolutiva a la reproducción asimétrica.

Ackermann también se plantea si la asimetría resulta más ventajosa que la reparación de los daños acumulados. En otras palabras, si a la célula madre le resulta más eficaz invertir en mantenimiento, para minimizar la cantidad de estructuras envejecidas que pasará a la descendencia, o si por el contrario le es más conveniente acumular esos daños pero repartirlos asimétricamente. El modelo de estudio no ofrece dudas, una vez la asimetría ha evolucionado, ésta resulta más ventajosa que la inversión en mantenimiento. De esta manera, la distribución asimétrica se convierte en una buena alternativa a la reparación.

En resumen, actualmente podemos afirmar que el envejecimiento tan sólo se observa en los organismos, procariotas o eucariotas, que se reproducen asimétricamente, en los cuales se demuestra que existe una madre y una hija, es decir, debe identificarse un progenitor que acumula un daño y un descendiente que no lo hace. Para reconocer el envejecimiento tenemos que poder distinguir dos individuos de edades diferentes para señalar cuál es el viejo y cuál el joven (Stearns, 2000).

Es muy probable que la reproducción asimétrica constituya el minúsculo núcleo inicial del envejecimiento. Aun tratándose de una estrategia rudimentaria, muestra las interacciones y las fuerzas que participan en los posteriores modelos más sofisticados de senescencia: los compromisos energéticos y el conflicto generacional. La segregación de daño puede haber contribuido de forma decisiva en la clara separación entre línea germinal y soma de especies más complejas. Sobre la base de este núcleo se pueden haber ido sedimentando ulteriores estrategias hasta confeccionar lo que hoy en día conocemos como envejecimiento. Vemos que ese núcleo precisa de dos generaciones, una vieja y otra joven, por tanto la base inicial no es más que la disyuntiva que se le plantea a la selección natural cuando hay solapamiento de generaciones. Resulta interesante destacar que este núcleo inicial debió ser activamente seleccionado por cuanto la segregación obliga a una transmisión diferenciada. Por otro lado, se observa ya en este rudimento de senescencia el sacrificio de uno de los organismos, el envejecido, en favor del otro, el rejuvenecido, el mismo sacrificio que Adán y Eva hacen cuando limitan el número de coles salvajes de su alimentación, para el bien, no sólo de sus hijos sino pensando también en sus nietos.

# La fuente de Bimini

Se afirma que Matusalén vivió 969 años, pero no podemos precisar si lo consiguió gracias al gen que lleva su nombre. Adán, el padre de la humanidad, alcanzó los 930 años y Noé, a pesar de enfrentarse a un espectacular diluvio, murió a los 950. Después de aquel acontecimiento universal, la longevidad se redujo drásticamente, pero aun y así, la media de edad de los protagonistas del Antiguo Testamento rondaba los 300 años; Abraham, por ejemplo, llegó a los 275. Después, la disminución fue más progresiva e Isaac no superó los 200 y Moisés tan sólo cumplió 120.

Pero la Biblia no es un tratado científico ni tampoco un registro demográfico. Hoy día se cree que la humanidad difícilmente ha podido alcanzar nuestra edad de jubilación actual hasta fechas muy recientes. La media de vida calculada a partir de registros fósiles desde tiempos del paleolítico se ha mantenido bastante estable hasta más o menos el nacimiento de los protagonistas del Nuevo Testamento. Durante más de diez mil años, superar los 30 o 35 debía ser excepcional. Muchos estudiosos opinan que la existencia de personas centenarias es una circunstancia nueva en nuestra historia y que podía datar de finales del siglo XIX. La mayoría de registros de individuos centenarios descritos con anterioridad ofrecen poca fiabilidad.

En los países desarrollados, 5 de cada 100.000 personas celebran un siglo de vida. El incremento de los ciudadanos más longevos se atribuye a una reducción en la mortalidad infantil, a un aumento de la población mundial (mayor probabilidad de alcanzar esa edad) y a una drástica disminución de la mortalidad en la franja de edad entre los 80 y los 100 años.

Resulta todavía más reciente la nueva categoría de los supercentenarios, aquellos abuelos que consiguen soplar 110 velas en el pastel de su cumpleaños. Su irrupción en las tablas demográficas se sitúa en la segunda mitad del siglo XX. Aún hoy, su presencia es casi testimonial y se duda que en todo el planeta superen el centenar.

De todos los venerables centenarios y supercentenarios que la tradición religiosa, la literatura científica y los registros paracientíficos han recogido durante siglos, la ciencia oficial reconoce como hecho probado que el récord de longevidad recae en Jeanne Calment, una mujer que vivió en Arles (Francia) y que murió el 4 de agosto de 1997 a la edad de 122 años y cinco meses.

A pesar de la mejora en la calidad de vida, de los avances en la ciencia médica y del incremento espectacular de la esperanza de vida, hemos conseguido tan sólo doblar las expectativas de hace 200 años. Además, el lento incremento de personas centenarias y supercentenarias parece apuntar la idea de que nos acercamos a un límite infranqueable. Esta noción fue propuesta por Buffon hace 150 años, cuando afirmaba que la duración máxima de la vida está determinada para cada especie basándose en unas leyes fijas y universales. El autor adjudicó a los humanos el límite entre los 80 y los 100 años, una franja que aún hoy nos parece verosímil. Diferentes estudios demográficos han demostrado que, en los últimos años, la velocidad a la que se incrementa la expectativa de vida se retarda, y la previsión para los países desarrollados es que en el horizonte del 2050 ésta no superará los 85 años. En cualquier caso, las cifras manejan el concepto de expectativa o esperanza de vida, que difiere de la idea del potencial de duración de la vida, un valor que, con toda probabilidad, es el mismo hoy que hace cien mil años. Si aceptamos que el 30 % de la longevidad es de base genética, muchos expertos creen que estamos alcanzando, o lo haremos en breve, la frontera a través de la manipulación del 70 % que corresponde al factor ambiental. Algunas estimaciones predicen que la erradicación de enfermedades como el cáncer, las afecciones cardiovasculares o la diabetes mellitus no lograría añadir más de diez años a la esperanza de vida y no alteraría el potencial máximo de la longevidad humana. La duda radica ahora en saber si en un futuro más o menos lejano seremos capaces de manipular la parte genética y si esa manipulación nos permitirá soplar más velas en el pastel de cumpleaños de los ancianos del mañana. Los científicos continúan preguntándose si existe el padre de todos los relojes, el gran cronómetro que marque el momento de la despedida, el particular límite de Hayflick de nuestras vidas y, en caso de existir, dónde hay que buscarlo.

Prolongar la vida o soñar con la inmortalidad se ha convertido en la última frontera del *Homo sapiens*. Para muchos pensadores, el objetivo es éticamente reprobable, económica y socialmente discutible y, hoy por hoy, científicamente imposible. Pero a medio o largo plazo se convertirá en motivo de polémica en todos los ámbitos, desde los religiosos hasta los experimentales, desde los políticos hasta los morales. El debate ha empezado ya a insinuarse débilmente, en momentos puntuales, como cuando se publicaron los artículos que demostraban la efectividad de las telomerasas como curadoras del envejecimiento celular. Desde entonces, el murmullo no ha dejado de aumentar y no son pocos los expertos que opinan que debería ser más público y persistente. Porque gerontólogos de todo el mundo creen que el futuro está más cerca de lo que pensamos la sociedad y los políticos y que, por lo tanto, la terapia antienvejecimiento que se cierne sobre nuestra sociedad debería generar una controversia abierta, general, sin prejuicios apriorísticos en la población ni en los gobernantes. Algunas predicciones apuntan que en tan sólo diez años la ciencia será capaz de prolongar la vida en pequeños mamíferos como los ratones y de hacer que animales envejecidos recuperen los rasgos propios de la juventud. Las misma fuentes auguran que conseguir éxitos parecidos en los humanos llevará tan sólo otra década más. Por todo ello, podríamos encontrarnos ante las puertas de lo que algunos teóricos han denominado la era del postenvejecimiento.

*Shangri-la* es uno de los pocos lugares donde no conocen la vejez. Es un mundo mágico y fantástico cuyos habitantes viven felices, la vida les es plácida y la juventud eterna. El idílico país existió en la mente del escritor James Hilton y el cineasta Frank Capra lo convirtió en una película ganadora de varios Oscar. Se trataba de *Lost Horizons (Horizontes perdidos)* y hacia el final del extenso filme a uno de los protagonistas se le pregunta si realmente cree en la existencia de un sitio como aquél. El interrogado responde con aplomo: «creo, porque quiero creer». Ciertamente, vencer el envejecimiento es el último sueño de la humanidad, y como sueño, se ha convertido en obsesión, no sólo de algunos científicos que juegan a ser dioses manipulando genes y creando animales quiméricos. La obsesión ha estado presente en la mente de la humanidad desde el mismo instante en que ésta fue capaz de elaborar su primer pensamiento.

Se conoce con el término Shunamitismo la práctica según la cual un hombre de avanzada edad yace con una joven virgen con el objetivo de que la mujer le transfiera su juventud. El origen de este tratamiento antienvejecimiento se remonta al bíblico rey David, quien de viejo y con la intención de calentarse por las noches se acostaba con su sirviente Abishag, de la tribu de los Shunam. Pero lejos de limitarse a una escena mitológica, hasta los siglos XVII y XVIII, algunos médicos recomendaban esta práctica a sus pacientes y, entre ellos, científicos tan prestigiosos como Sydenham o Boerhaave (Shapin, 2000).

En el año 1509, Juan Ponce de León fue nombrado capitán general de la isla de San Juan. Se convirtió en el primer gobernador de un país que tiempo después sería conocido como Puerto Rico. Dos años más tarde, por motivos políticos, Ponce de León abandonó el cargo. Habían trascurrido dieciocho años desde que acompañara a Cristóbal Colon, en el segundo viaje del descubridor a América, y durante todo ese tiempo había explorado y conquistado buena parte del centro del continente. Contaba con 51 años, una edad considerable en aquella época. La idea de la muerte empezaba a aterrarlo y, por ello, una vez destituido y sin responsabilidad política alguna, pidió al rey Fernando que le autorizara a emprender su última gran conquista: encontrar la mítica isla de Bimini.

Según una leyenda indígena, en el corazón de la isla de Bimini se encontraba la fuente de la eterna juventud. Se decía que quien bebía de sus aguas prolongaba la vida, quedaba libre de enfermedades y dejaba de envejecer. Una vez autorizada, en 1513 la expedición partió de Puerto Rico con tres naves: *Santa María de la Consolación, Santiago* y *San Cristóbal.* El domingo de Pascua Florida llegaron a tierra desconocida. No se trataba de ninguna isla, sino de una península que bautizaron como la Florida. Ocho años más tarde, en ese mismo lugar, una revuelta de los nativos hería mortalmente a Ponce de León y poco después moría en La Habana.

Ni que decir tiene que Juan Ponce de León no encontró jamás su isla de Bimini ni la fuente de la eterna juventud. Buscando el surtidor de la inmortalidad encontró la muerte a la edad de 61 años. Hoy día, Bimini es el nombre de una de las islas del misterioso triángulo de las Bermudas y la Florida un próspero estado de Estados Unidos de América.

En los inicios del siglo XXI, entender el envejecimiento y dominar sus efectos continúa siendo como buscar la isla de Bimini y extender la longevidad sigue recordando la insistente persecución de dar un sorbo de agua de la fuente de la juventud. A lo largo de la historia, el agua de la fuente de Bimini ha tenido sabores muy distintos. Durante muchos siglos, el paladar buscaba entre los efluvios del mercurio. Nadie como los alquimistas han perseguido con tanta vehemencia, paciencia y fe la piedra filosofal que les otorgara la eterna vida y, a su vez, consiguiera convertir cualquier objeto en oro. En el fondo de sus ilusiones, los alquimistas iban detrás de la perfección, una utopía que no era más que el oro en su versión material y la inmortalidad cuando anhelaban la perfección espiritual. Alquimia significa «tierra negra» en árabe y la tierra negra era el nombre con que se conocía Egipto. Desde el imperio de los faraones hasta que la ciencia empezó a dominar el pensamiento de la sociedad occidental con figuras como Galileo, Newton, Descartes o Darwin, transcurrieron siglos de hegemonía, más o menos encubierta, más o menos perseguida, de los alquimistas. Buscaban, en sus laboratorios, la combinación perfecta, el tiempo perfecto y el orden perfecto para obtener la fórmula magistral del agua de Bimini. Algunos dedicaron toda su vida y nunca desfallecieron en su intento por frenar las agujas de un reloj que, en la inmensa mayoría de las ocasiones, se les detenía en mitad de la labor. Aunque dicen que unos pocos lo consiguieron.

La dictadura de la ciencia acabó por arrinconar a los padres de la floreciente disciplina y decidió echar mano al asunto. Otros gremios también lo han intentado, la paraciencia, las ciencias alternativas, los mitos, las religiones, etc. Y lo siguen haciendo, y así los monjes budistas se protegen bajo la sombra de las *estupas* para gozar de un sorbo más de existencia.

Pero para la ciencia actual y desde hace algunos años, el sabor del agua de Bimini cuenta con tres posibles candidatos, todos ello pertenecientes a la categoría de hormonas.

La hormona del crecimiento (GH, por *growth hormone),* que se fabrica en la hipófisis, es fundamental y necesaria para el correcto crecimiento de los niños. Cuando durante la infancia, por diferentes causas, se deja de elaborar, los niños detienen su crecimiento y padecen una severa forma de enanismo. Por fortuna, desde hace unos años, disponemos de una GH de producción sintética como tratamiento eficaz que permite a los enfermos crecer con total normalidad. No obstante, tiempo atrás, cuando los niños llegaban a la edad adulta se interrumpía esta terapia, ya que se pensaba que una vez alcanzada la talla final la hormona perdía toda su función. Además, la incomodidad en la administración del fármaco (es inyectable) y el alto coste económico desaconsejaban continuarla. De modo que los jóvenes con falta de GH dejaban de percibirla después de la pubertad.

Hace pocos años se advirtió que los adultos que carecían de cantidades suficientes de GH presentaban unos rasgos especiales: menor masa muscular, mayor pérdida de mineralización ósea, aumento de grasa corporal y peor calidad de vida, además de un riesgo más elevado de desarrollar una depresión y un estado anímico muy precario. También estaban expuestos a un mayor riesgo de muerte por causa cardiovascular. Se empezó a analizar si todas esas alteraciones podían ser debidas a la interrupción del tratamiento hormonal y se planteó la cuestión de si, aun en adultos, la GH podría mantener algún efecto. Se llevaron a cabo estudios piloto para observar qué sucedía cuando los adultos deficitarios de hormona de crecimiento reanudaban la terapia. Los resultados fueron espectaculares y todas las alteraciones acababan despareciendo. Desde entonces, si no hay contraindicación formal, los adultos con déficit de GH continúan con el tratamiento empezado en la infancia, a pesar de resultar incómodo y costoso.

Los hallazgos que exhibían los adultos sin GH recuerdan los cambios que experimentan los hombres y las mujeres a medida que envejecen. Se pierde masa muscular, se gana grasa corporal, se desarrolla la osteoporosis, aumentan los niveles de colesterol, empeora la calidad de vida y se incrementa el riesgo de mortalidad por causa cardiovascular. Por otro lado, a medida que la edad avanza se objetiva una reducción simultánea de los niveles de GH, un fenómeno conocido como somatopausia. Hasta tal extremo llega la reducción iniciada a partir de los veinte años de edad que, al alcanzar los sesenta, los niveles en sangre de la hormona se hacen indistinguibles de los que tienen los enfermos con déficit de GH. Pero sucede además que la hormona que modula la acción de GH es IGF-1, una molécula que hemos citado en diversas ocasiones como responsable de algunas de las modificaciones metabólicas asociadas a la senescencia. Todos estos indicios hicieron pensar, en la década de los noventa del siglo pasado, que hacer frente a la somatopausia podría convertirse en el mejor tratamiento del envejecimiento.

Con el objetivo de verificar la hipótesis, se pusieron en marcha diversos ensayos clínicos de carácter piloto para administrar GH a personas de edad avanzada, sin ningún problema asociado. Los resultados iniciales fueron esperanzadores en el sentido que los abuelos tratados recuperaban vigor muscular, mejoraban su masa ósea, normalizaban los perfiles lipídicos e incluso manifestaban una recuperación del bienestar físico y la calidad de vida. No obstante, estudios posteriores han ido reduciendo el optimismo inicial. Se ha observado, por ejemplo, que la recuperación de la masa muscular sólo se obtiene cuando se asocia el tratamiento hormonal a un importante régimen de ejercicio físico. Más aún, algunos autores han observado que el ejercicio, por sí solo, prescindiendo de la hormona, puede aportar efectos parecidos. La actividad física es una fuerte potenciadora de la secreción de GH y, curiosamente, este poder secretor no se reduce con la edad. Pero el aspecto que más preocupa a los científicos son los posibles efectos adversos que pueden aparecer tras la administración de hormona de crecimiento a una edad que la naturaleza opina que se puede prescindir de ella. El miedo ha llevado a realizar ensayos con dosis progresivamente menores de las que se administraban en los estudios iniciales. Y de todos los efectos indeseables, el más grave y preocupante es el que relaciona GH con un mayor riesgo de desarrollar o favorecer la aparición de tumores. El cáncer es una enfermedad frecuente en la senescencia y muchos estudios han demostrado que IGF-1 es un potente inductor de la maduración y el crecimiento celular y, por tanto, un potente estimulador del desarrollo de las células malignas.

El debate sobre la eficacia de GH en la vejez continúa abierto y, fuera de los ensayos experimentales, la comunidad científica no recomienda usar la hormona como tratamiento antienvejecimiento. Pero en ambientes paracientíficos constituye un suculento filón lucrativo, e incluso se promociona la sustancia como el verdadero elixir de la eterna juventud.

La somatopausia es un rasgo característico de la senescencia al igual que la adrenopausia. El concepto define la reducción, en consonancia con la edad, de determinadas hormonas producidas en las glándulas suprarrenales (o adrenales) y especialmente de DHEA (por dehidroepiandrosterona). La DHEA es una sustancia misteriosa cuya función real no queda clara. Se sabe que los humanos la fabricamos en elevadas cantidades y es utilizada como materia prima para elaborar otras hormonas sexuales masculinas y femeninas. Más del 30 % de los andrógenos en los hombres y del 90 % de los estrógenos en las mujeres menopáusicas derivan de DHEA. Durante muchos años, se pensó que su única misión era actuar de almacén de otras hormonas, pero se dudaba que pudiera tener alguna utilidad intrínseca. Numerosos trabajos publicados en los últimos veinticinco años apuntan hacia la idea de que DHEA es capaz de actuar de manera directa y específica en diferentes puntos del metabolismo humano. Por ejemplo, se sabe que algunas áreas cerebrales poseen receptores para la hormona y que esas zonas regulan aspectos concretos de la memoria.

Existe una relación directa entre el envejecimiento y la reducción de DHEA. Los diferentes experimentos realizados con animales de laboratorio parecen indicar que la reducción de la hormona podría estar implicada en la pérdida de la memoria y la demencia senil. No obstante, la disminución progresiva de DHEA no es tan evidente como en el caso de la GH. Las mujeres alcanzan unos niveles muy inferiores a los de los hombres. Además, existe una gran variabilidad personal, de tal forma que se superponen los valores normales para diferentes edades. Finalmente, algunos estudios epidemiológicos demuestran que en un porcentaje nada despreciable de la población, que puede alcanzar el 30 %, se observa un aumento de DHEA en lugar de una reducción. Este comportamiento tan particular de la adrenopausia humana dificulta poder llegar a conocer exactamente su papel en la senescencia, así como esclarecer su utilidad terapéutica.

Algunos investigadores opinan que DHEA es tan sólo un marcador del envejecimiento. En este mismo sentido, se ha publicado que en hombres, pero no en mujeres, los niveles bajos se relacionan con un mayor riesgo de mortalidad a corto plazo. Otros estudios han relacionado DHEA con el estado psíquico, el grado de memoria, la presencia de depresión y la calidad subjetiva de vida. Aunque trabajos rigurosos no han podido contrastar esas premisas. La conclusión final, a la vista de los resultados disponibles, es que actualmente no puede establecerse ninguna relación clara de causalidad entre DHEA y senescencia, y serán necesarios más años de investigación para acabar con la duda. A pesar de ello, esta hormona también se vende impunemente como tratamiento antienvejecimiento. Se han detectado grandes fraudes en la comercialización de la sustancia, tanto en lo que se refiere al contenido real del envase como a la cantidad de hormona dispensada. No hay que olvidar que se trata de una sustancia con acción hormonal, y que la comunidad científica no ha podido aún determinar los posibles efectos adversos de su consumo abusivo. Mientras tanto, empresas al borde de la legalidad ofrecen este posible sorbo del agua de Bimini a 25 dólares el frasco y otro de regalo.

El tercer aroma del agua de la fuente de la juventud es la melatonina. Esta hormona, que se fabrica en la glándula pineal, aquella donde Descartes situaba el punto de encuentro entre realidad material y pensamiento. La melatonina sigue resultando desconcertante cuya misión específica no se conoce con exactitud.

La melatonina se segrega de noche, ante la falta del estímulo lumínico, y a lo largo de los años se le han atribuido un gran número de funciones, algunas de las cuales con muy poco rigor. Participa en la regulación de diversos ritmos horarios de producción de otras hormonas. Interviene en pautas oscilatorias de fabricación de sustancias que siguen ritmos circadianos (ciclos de 24 horas) y también en otros de ritmicidad estacional. Actúa en la sincronización de efectos luz-oscuridad y por dicho motivo se vende en los aeropuertos de algunos países como regulador del *jet-lag,* el trastorno fisiológico motivado por el cambio horario de los vuelos transoceánicos.

Al igual que sucede con la GH y la DHEA, a medida que envejecemos se observa una reducción de la melatonina. También, y por motivos dispares, se ha asociado esa reducción con muchos de los fenómenos asociados a la vejez. Diversos experimentos realizados con ratas han demostrado que los ejemplares macho de mediana edad tratados con melatonina bajan de peso, pierden grasa abdominal y reducen, al mismo tiempo, los niveles de insulina y leptina en sangre. Todos estos parámetros parecen indicar que las ratas tratadas recuperan caracteres fisiológicos propios de edades más jóvenes. Sin embargo, cuando se administra la hormona a sujetos de menor edad, no se constata ninguno de los cambios descritos. Cabe destacar que los efectos rejuvenecedores no se atribuyen directamente a la melatonina sino que las ratas tratadas aumentan de forma espontánea su actividad física en un 20 %. Todo ello muestra que la hormona provoca un cambio metabólico reduciendo la parte de los nutrientes destinada al depósito de energía e incrementando aquella otra destinada a su consumo inmediato. Es posible que la sustancia sea un elemento modificador del equilibrio entre ahorro y uso de energía, un equilibrio que se altera, como hemos visto de manera reiterativa, de forma sustancial en el envejecimiento. El mecanismo que determina ese cambio no se conoce a ciencia cierta, pero los investigadores se inclinan por pensar que es necesaria la mediación de la leptina. Resulta remarcable el incremento espontáneo del ejercicio en las ratas tratadas, ya que existen otros indicios para creer que el efecto protector de la actividad física sobre los factores de riesgo cardiovascular puede estar regido genéticamente. Con premisas como éstas es necesario replantearse si la tendencia a una vida más sedentaria observada en los mamíferos envejecidos es, simplemente, una libre elección o si la modificación del hábito de vida responde a un programa regulado. Así, la progresiva disminución en la actividad física no debería tratarse como una cómoda, tranquila y voluntaria decisión, sino como la consecuencia de un reequilibrio de necesidades metabólicas, una modificación finamente controlada por determinados genes que rigen vías metabólicas específicas. Recordemos que esta concepción apoya la hipótesis del abuelo económico.

A pesar de los descubrimientos recientes, el interés clásico de la melatonina con relación a la senescencia ha sido siempre enfocado desde el aspecto de su reconocido y demostrado efecto antioxidante. Lo que aún no se ha podido demostrar es de qué manera actúa como antioxidante natural, aunque parece que lo consigue a través de muy distintas vías. Algunos autores opinan que cuando la hormona interacciona con los radicales libres se generan sustancias que anulan el efecto tóxico del radical, pero que a su vez son también antioxidantes. Si esta hipótesis fuera cierta, la melatonina sería la primera de una cascada de moléculas antioxidantes que potenciarían de manera exponencial su efecto protector.

La administración de melatonina a moscas *Drosophila* les prolonga la vida máxima en un 33 % y la vida media en un 13 %. Aunque cabe tomarse el dato con cautela, ya que aquello que es cierto para una especie puede no serlo para otra, las cifras confirman el papel de la hormona de Descartes en la senescencia.

De verificarse, en los próximos años, el papel de la melatonina en relación con la redistribución del presupuesto energético y con su potente acción antioxidante, nos encontraríamos ante una sustancia que enlazaría y daría respuesta a diferentes hallazgos que hasta ahora no tienen explicación. Pero por ahora, los resultados obtenidos en humanos son aún menos concluyentes y no somos capaces de decidir si la hormona debe continuar vendiéndose en los aeropuertos, si no pasará de dudoso elixir de la juventud como ahora se nos ofrece cada vez que abrimos el correo electrónico de nuestro ordenador o si, por el contrario, se convertirá en una medicina indispensable de los botiquines de los abuelos.

Melatonina, DHEA y GH son las tres sustancias mejor situadas en la lista de ingredientes del agua del surtidor de Bimini. No obstante, el camino que deben recorrer los investigadores que las analizan todavía es largo y la opinión mayoritaria es que es posible que las hormonas nunca lleguen a formar parte del tratamiento oficial del envejecimiento.[3] Por otro lado, existen algunas hormonas que la medicina utiliza sin pu-

---

[3] A lo largo del capítulo nos referiremos a menudo al «tratamiento del envejecimiento» como aquellas terapias que inciden en mejorar, reparar, evitar o revertir diferentes características propias del proceso, pero de ello no debe desprenderse la noción de que el envejecimiento sea una enfermedad que haya que tratar.

dor y que, en cierta medida, podrían entrar a formar parte de tal tratamiento. Nos referimos a la terapia hormonal sustitutiva, término que define la utilización de estrógenos para combatir diferentes síntomas y complicaciones atribuidas a la pérdida de la capacidad reproductiva en la postmenopausia. Esos síntomas acompañan a menudo e incluso se confunden con la senescencia. Sin embargo, persiste el debate sobre si la terapia debe ser de seguimiento universal en mujeres menopáusicas debido a que los demostrados beneficios conllevan, a su vez, efectos muy perjudiciales, por ejemplo, distintos tipos de cáncer. En cualquier caso, la administración de hormonas sexuales no se considera un tratamiento antienvejecimiento ni favorecedor de la longevidad, aunque es cierto que reduce el riesgo de enfermedades cardiovasculares y mejora la calidad de vida. En este sentido, si algún día las mujeres beben el agua de Bimini, deberían asegurarse de que contiene unas gotas de estrógenos.

Pero ¿por qué complicarse la vida con terapias tan sofisticadas? Sabemos que una de las bases mejor demostradas de la senescencia es el efecto nocivo de los radicales libres y disponemos de numerosos antioxidantes naturales para combatirlos. Por tanto, nada más sencillo que utilizar dichas sustancias para hacer frente a la vejez. En otras palabras, en la guerra entre oxidantes y antioxidantes, vamos a incrementar los efectivos de los segundos. Con este propósito, hace años se empezó a experimentar en el laboratorio, primero con animales y después con humanos. Inicialmente, se enriquecían las dietas con antioxidantes naturales: las vitaminas C o E. En los animales de experimentación, desde el gusano hasta el ratón, sin olvidar la mosca, se obtuvieron resultaron esperanzadores. Salvo discretas diferencias, la mayoría de los investigadores encontraron que los abnegados animales vivían más tiempo y envejecían más tarde. Pero cuando llegó el turno a los humanos las cosas fueron muy distintas. Los resultados no fueron concluyentes, y aun en los trabajos más positivos y optimistas los efectos se demostraron minúsculos. Con el paso de los años se ha ido analizando el tema con mayor seriedad y se han encontrado diferentes errores que pudieron haber motivado el fracaso del planteamiento inicial. Así, por ejemplo, ingerir antioxidantes no significa que las sustancias alcancen, en cantidad suficiente, la recóndita unidad celular y mucho menos la bien protegida mitocondria, el origen de los radicales. Por otro lado, se ha comprobado que algunos de los antioxidantes son metabolizados por el organismo hasta convertirse, sorprendentemente, en oxidantes. Por último, se ha señalado que el equilibrio entre radicales y antioxidantes está finamente regulado por la fisiología humana y que el organismo posee mecanismos para restablecer la homeostasis cuando se provoca un desajuste. En este sentido, no hay que olvidar que los radicales libres tienen su función específica, gracias al aprovechamiento que la naturaleza ha hecho de ellos.

Todas las observaciones apuntadas han llevado a creer que la formulación inicial sobre el abordaje del estrés oxidativo tuvo una concepción excesivamente simplista. De acuerdo con ello, en los últimos diez años se han empezado a utilizar antioxidantes de nueva generación, más específicos y acordes con los conocimientos de que disponemos de los mecanismos internos que rigen el funcionamiento de la respiración mitocondrial. Se realizan ensayos con el ácido alfa lipoico, el deprenil, el famoso coenzima Q10 y otros agentes menos conocidos. Los resultados empezarán a hacerse públicos en los próximos años y es posible que alguna de estas anónimas sustancias acabe convirtiéndose en portada de revistas no científicas.

Antes de dar por cerrado el tema de los antioxidantes cabe hacer una reflexión final. Nunca la humanidad ha consumido tanta cantidad de sustancias con efecto antioxidante como en la actualidad. Una gran parte de los aditivos que se utilizan como conservantes en la industria alimentaria lo son. Así que no todo lo que comemos hoy en día tiene que ser cancerígeno, artificial y nocivo, y quién sabe si los aditivos antioxidantes pueden haber influido en el aumento de la esperanza de vida en el último siglo.

Las estadísticas confirman que las personas que practican ejercicio de manera regular viven, de media, dos años más que las sedentarias. Hacer ejercicio es, por tanto, una alternativa a dar un sorbo del agua de Bimini. Pero las cosas tampoco son tan fáciles como parecen y los beneficios de la actividad física han sido cuestionados. Es un hecho demostrado que el ejercicio aumenta la producción de radicales libres, por el sencillo hecho de que se incrementa la demanda energética. Además, el aumento de radicales es mucho más importante a medida que la edad avanza. Por otro lado, los músculos de los abuelos son más frágiles y la respuesta frente al efecto tóxico de los radicales mucho más atenuada. Por todo ello, se duda de la ventaja de seguir cualquier programa de actividad y se intenta descubrir el tipo de ejercicio y la forma de entrenamiento que resulten más adecuados. Incluso se plantea si es necesaria una ingesta suplementaria de sustancias antioxidantes. El único acuerdo consensuado es que cierto grado (inespecífico) de ejercicio es altamente aconsejable en las personas mayores.

Cuando todavía no sabemos si el agua de Bimini debe saber a glándula suprarrenal, a melatonina de Descartes o a hormona de crecimiento. Cuando desconocemos si un antioxidante tendrá el mismo efecto en nuestro cuerpo que cuando se aplica a una superficie metálica expuesta a la intemperie. Cuando resulta en extremo dudoso pensar que la fuente de la eterna juventud se asemeje a una sala de gimnasio. Cuando aún quedan tantas preguntas sin resolver, ha surgido un nuevo aroma que promete algunas sorpresas y que responde al nombre de «sirtuina».

Las sirtuinas constituyen una familia de proteínas nucleares con actividad enzimática, cuyo miembro fundador es el producto del gen SIR2, del cual recibe la denominación de grupo. Recordemos que SIR2 (del inglés *silent information regulator 2)* fue uno de los primeros genes descubiertos que, tras su manipulación, aumentaba la duración de la vida de la levadura *Saccharomyces.* Hasta la fecha, ya se han identificado siete genes homólogos de SIR2 en los humanos, que han sido clasificados de SIRT1 a SIRT7. De ellos, SIRT1 es el mejor estudiado y el que ofrece un mayor atractivo para los gerontólogos. A medida que se van conociendo las funciones de este gen, los científicos se dan cuenta de que tienen en sus manos una sustancia crucial que forma parte de muchas de las rutas metabólicas más importantes. Tanto es así, que han catalogado este gen como «el interruptor maestro de la longevidad» en un reciente artículo de la revista *Nature medicine* (Leibiger IB y Berggren PO, 2006). Es cierto que las sirtuinas en su conjunto constituyen una familia de moléculas absolutamente indispensables para la vida, como lo demuestra su elevada conservación a lo largo de toda la escala filogenética.

La activación de los distintos homólogos de SIRT1 provoca, invariablemente, un incremento en la longevidad de los animales de distintas especies. Se ha comprobado que SIRT1 es capaz de desactivar la potente proteína p53, aunque el gran atractivo de la sirtuina radica en otro aspecto de mayor repercusión. Diferentes estudios experimentales parecen confirmar que las modificaciones que sufren los animales longevos, gracias a las sirtuinas activadas, recuerdan las modificaciones que presentan esos mismos animales cuando son sometidos al fenómeno de la restricción calórica (RC). Por ello, existe la creencia, cada vez más fundamentada, de que las sirtuinas pueden ser la base de los efectos antienvejecimiento de la RC. Muy recientemente, se ha descubierto que una de las principales funciones de SIRT1 es actuar de sensor del estado energético del hígado, desencadenando una serie de respuestas acorde con la disponibilidad de recursos energéticos que le llegan.

El descubrimiento de SIRT1 y la cada vez más demostrada concepción de que se trata del efector final de la RC, han abierto una nueva línea de investigación consistente en buscar sustancias que imiten la acción de la RC a través de estimular las sirtuinas. Esta vía ya fue intuida hace unos años al descubrirse que determinados fármacos provocaban cambios parecidos a los que desencadena la RC. Una de esas sustancias era la metformina, un fármaco ampliamente utilizado en el tratamiento de la diabetes mellitus. No obstante, la irrupción de las sirtuinas ha revolucionado el mercado de los RC-miméticos.

La experimentación está empezando a dar sus frutos, en el sentido de que han sido identificadas hasta dieciocho pequeñas moléculas capaces de activar SIRT1. La mayoría de estas sustancias proceden del mundo vegetal, y una de las mejor estudiadas y la que parece ser la más eficaz es el resveratrol.

El resveratrol se encuentra en cantidades importantes en diferentes especies vegetales y especialmente en la uva y el vino tinto. Se ha postulado que podría ser uno de los componentes que otorgan los efectos beneficiosos reconocidos en el vino. En el gusano y en la mosca ya se han probado sus repercusiones: en el primero se consigue prolongar la vida en un 14 % y en la segunda en un 29 %. La adición del activador de SIRT1 en los cultivos celulares provoca cambios en el mismo sentido. Justo en el momento de cerrar este trabajo ha aparecido en la prensa la inminente comercialización de un preparado farmacéutico con resveratrol, en el cual cada comprimido posee el equivalente a 25 kg de uva. Otro síntoma de que la carrera antienvejecimiento ya ha empezado.

La búsqueda de RC-miméticos ha abierto la veda y los cazadores de moléculas se mantienen al acecho, pero prometen nuevas sorpresas para la próxima década. Al mismo tiempo, han vuelto a poner de moda, si en algún momento dejó de estarlo, el siempre enigmático fenómeno de la restricción calórica.

Voces expertas aseguran que lo hecho hasta ahora ha sido un verdadero fracaso. Hay quien opina que el problema ha sido abordado desde un punto de vista poco adecuado. Que un sorbo de agua sepa a hormona, emane aroma de antioxidante, emita un sonido de bicicleta estática o muestre el intenso color del vino tinto, no significa que esa agua surja directamente de la fuente de Bimini. Los tratamientos intentan tan sólo hacer frente a los síntomas, a las consecuencias, al resultado y, en definitiva, a las secuelas del complejo proceso de envejecimiento. Hoy en día, existe una apasionada discusión al respecto. Es comprensible, porque no sólo están en juego los aspectos científicos sobre cómo abordar el tratamiento de la senescencia, también es una cuestión económica y política. En un momento en que por todo el mundo proliferan las clínicas con sugerentes «terapias antienvejecimiento», hay quien cree que terapia eficaz sólo puede haber una. Muchos eminentes biogerontólogos opinan que debe resultar mucho más fácil invertir el proceso que retrasarlo. Porque retrasar se está demostrando difícil y poco exitoso y porque, como el propio verbo indica, no significa otra cosa que posponer el hecho, prorrogarlo en el tiempo, pero en ningún caso solucionarlo. Así, el alargamiento de las expectativas de vida que la medicina moderna ha conseguido, gracias a incidir principalmente en las enfermedades asociadas a la senescencia, no ha reducido la proporción de personas con incapacidades relacionadas con la edad. Tan sólo ha conseguido retardarlas en relación con el pastel de cumpleaños. Lo que la ciencia ha obtenido hasta ahora es hacer más resistentes las probetas de Medawar, pero aún no las ha convertido en inmortales.

En resumen, aquello que podría definirse ambiciosamente como el tratamiento del envejecimiento sería la inversión misma del proceso. Con ello, las complicaciones asociadas también desparecerían. Además, algunos expertos optimistas creen que la inversión resultará mucho más sencilla que las estrategias actuales y que no hará falta esperar demasiados años para ver los efectos del nuevo abordaje terapéutico. Por ello es necesario empezar con el debate público, por ello A. de Grey y otros científicos lanzan la siguiente cuestión en un trabajo aparecido en la revista *BioEssays* en 2002: «¿es el envejecimiento algo tan misterioso que debe dejarse tan sólo en manos de los científicos?». El futuro para los más optimistas ya ha llegado, y más cerca lo tendríamos si en lugar de invertir un tímido 1 % del total del gasto en investigación que se destina a estudiar la senescencia, los países occidentales se atrevieran a poner más dinero sobre la mesa. Ha llegado la hora de pensar, sin prejuicios, en una era postenvejecimiento. También es necesario plantearse las cuestiones que la nueva sociedad generaría e intentar darles respuesta. Es imprescindible, como dice Leonard Hayflick (2000), filosofar sobre los posibles efectos que tendría la píldora antienvejecimiento y enumerar los temas para su reflexión colectiva y en voz alta. Hay que pensar, sigue razonando el padre del cuentavueltas biológico, que dicho tratamiento estaría a disposición tanto del santo como del delincuente o el dictador. Valorar cuál sería el mejor momento para tomarla y si la decisión deberá ser voluntaria u obligatoria. Afrontar el problema de la superpoblación y ponderar los recursos alimentarios. Imaginar cómo afectará a nuestro deseo natural de tener descendencia el hecho de que una simple pastilla convierta el ser humano en virtualmente inmortal. Tomar en consideración a los habitantes menos favorecidos del Tercer Mundo y preguntarnos si el avance les supondría algún beneficio. Y hay que pensar en el momento en que se decidiría la muerte. Hayflich nos plantea un dilema: si en realidad queremos, como sociedad, alargar la vida o si, sencillamente, debemos conformarnos con vivir mejor la que nos ha tocado en suerte.

Cuando se trata de estudiar el envejecimiento, los campos de investigación son numerosos y la experiencia nos dice que ninguno de ellos puede darse por cerrado definitivamente. Cada nuevo hallazgo reabre las hipótesis más consolidadas y hace necesario replantearlas desde el principio.

Muy recientemente un gran experto en el tema, Michael R. Rose, de la Universidad de California, nos mostraba en un artículo aparecido en *Biogerontology* (2006) un camino casi virgen para la biología y que podríamos resumir con la siguiente pregunta: ¿Hay vida después del envejecimiento? Algunos trabajos esporádicos publicados a lo largo del siglo XX ya apuntaban la idea, pero experimentos más actuales y rigurosos lo han confirmado. En la mayoría de los mamíferos, humanos incluidos, se demuestra que una vez alcanzada cierta edad, el cuerpo frena el proceso de la senescencia y se reduce la mortalidad muy por debajo de lo que las estadísticas predicen. Michael R. Rose analiza el tema y se sorprende de lo poco que se ha avanzado en esta fase postenvejecimiento. Es muy probable que sorpresas como ésta vayan surgiendo en los próximos años y que la gerontología deba rehacer a menudo el guión de sus teorías.

De lo que no cabe ninguna duda es del sabor que tendrá el agua de Bimini. Los matraces y alambiques se han convertido en cubetas de electroforesis y termocicladores y el mercurio, el hierro y el oro han pasado a denominarse polimerasa, transcriptasa y enzima de restricción. Hoy por hoy, la biología molecular es la especialidad que más cerca está de encontrar la localización exacta de la isla de Bimini, el esquivo reloj que marca la vida. El agua de Bimini decanta, actualmente y en el futuro, hacia el agridulce sabor del ADN. Si hacemos caso de las voces expertas, es posible que llegue el día en el cual la manipulación genética modifique nuestras expectativas de vida, de la misma manera como la restricción calórica lo hace con los famélicos ratoncillos del laboratorio. La levadura, el gusano o la mosca ya lo han comprobado. Pero ellos no se han planteado en ningún momento si les gustaba vivir más. El gusano con el gen clk mutado no ha podido expresarnos si podía hacer más actividades en su larga pero lenta vida o si, por el contrario, se aburría con tan sólo avanzar dos pasos. No nos lo ha dicho porque, entre otras razones, no fue él quien consiguió la mayor longevidad y porque nadie le preguntó si quería vivir más tiempo. No obstante, cuando llegue nuestra hora el planteamiento deberá ser muy distinto. Cuando alguien, desde un laboratorio, sea capaz de jugar con las manecillas de nuestro propio reloj, entonces será necesario replantearse la vida, y también la muerte. Tan sólo cabe esperar que cuando ese momento llegue nuestra especie se encuentre lo suficientemente madura como para tomar el camino acertado. Porque entonces, todas las estrategias que la naturaleza ha utilizado durante los últimos tres mil millones de años quedarán en evidencia ante la capacidad manipuladora que tendrá el *Homo sapiens* sobre su propia existencia. La maravilla del éxito de la célula eucariota quedará eclipsada ante el poder de la manipulación genética. En el momento en que la selección natural quede en entredicho habrá llegado el verdadero juicio final de nuestra manera de vivir en el planeta. Las causas, cualesquiera que fueran, que forzaron a la naturaleza a escoger el envejecimiento como estrategia de supervivencia quedarán desfasadas. El abuelo económico ya ha empezado a ser innecesario y de igual manera irán cayendo, una a una, las demás circunstancias que obligaron a moldearnos tal y como somos. Y para entonces, la humanidad no debe quedar impasible en una estantería a la espera de que le llegue la inmortalidad.

El agua que emana de la utópica fuente de Bimini no es más que la energía absolutamente indispensable para mantener el aliento vital de los seres vivos. Alcanzar a conocer algún día su composición exacta, su sabor, su textura y su olor supondrá descubrir el origen de esa energía y poner al descubierto el último misterio, aquel que el 24 de noviembre de 1859 Charles Darwin intuyó cuando publicó la obra magna del pensamiento científico moderno, *El origen de las especies.*

Todo parece indicar que, de la mano de la biología molecular, estamos a pocos pasos de alcanzar la esencia final de la vida, la que el núcleo de la célula eucariota esconde en sus diminutos cromosomas. Pero cuando eso suceda, deberíamos ser capaces de entender el significado de esa esencia, si es que lo tiene. Deberíamos ser lo suficientemente maduros como para entender el orden de las cosas y comprender si la formulación del agua de Bimini concuerda con la concepción natural de la vida, aquella que Hermann Hesse resumió en un sencillo poema titulado *Lenguaje de primavera:*

*Cada niño sabe lo que dice la primavera:*
*¡Vive, crece, florece, espera, ama,*
*alégrate y alienta nuevos impulsos,*
*abandónate y no temas la vida!*

*Cada anciano sabe lo que dice la primavera:*
*¡Hombre viejo, déjate enterrar,*
*deja tu sitio a los jóvenes alegres,*
*abandónate y no temas la muerte!*

Y cabrá preguntarse si es lícito cambiar ese lenguaje, porque, como decía Darwin, «hay grandeza en esta concepción». Aunque, por encima de todo, serán los nietos de Adán y Eva los que deberán decidir su propio futuro.

# Bibliografía


## Artículos

La referencia completa de los artículos utilizados en esta obra se puede consultar en el sitio web de Marge Books: www.marge.es.


## Libros

Darwin C. *El origen de las especies*. Espasa Calpe, Madrid, 2008.
Darwin C. *Autobiografía*. Editorial Alta Fulla, Barcelona, 1987.
Dawkins R. *The Blind watchmaker*. Penguin Books, Londres, 2000.
Frankl V. *El hombre en busca de sentido*. Herder, Barcelona, 2004.
Harris M. *Bueno para comer*. Alianza editorial, Madrid, 1999.
Hesse H. *Elogio de la vejez*. Muchnik editores, Barcelona, 2001.
Huxley TH. *Man's place in nature*. Stephen J. Gould editor, The Modern Library, 2001.
Kirkwood T. *El fin del envejecimiento*. Tusquets editores, Barcelona, 2000.
Mayr E. *What evolution is*. Basic Books, Nueva York, 2001.
Monod J. *El azar y la necesidad*. Tusquets editores, Barcelona, 2000.
Smil V. *Energías. Una guía ilustrada de la biosfera y la civilización*. Editorial Crítica, Barcelona, 1999.